INGEBORG SWEEDE

Die Wiedereingliederung klinisch geheilter Tuberkulöser in das Erwerbsleben

Sozialpolitische Schriften

Heft 2

Die Wiedereingliederung klinisch geheilter Tuberkulöser in das Erwerbsleben

Ein Beitrag zur Frage der Rehabilitation

Von

Dr. Ingeborg Sweede

DUNCKER & HUMBLOT / BERLIN

Alle Rechte vorbehalten
© 1956 Duncker & Humblot, Berlin
Gedruckt 1956 bei Sagerdruck, Berlin SO 36

Inhalt

	Seite
Vorwort	7

A. Das Problem

I. Einführung ... 11
  1. Tuberkulose-Mortalität und Tuberkulose-Morbidität ... 11
  2. Einteilung der Tuberkulösen in drei Patientengruppen ... 15
  3. Rehabilitation Tuberkulöser, eine gesellschaftliche Aufgabe ... 17
II. Vielfältige Faktoren in Entstehung und Verlauf der Tuberkulose ... 19
  1. Tuberkulose, ein schicksalbegleitendes Leiden ... 19
  2. Ursachen der tuberkulösen Erkrankung und deren Deutungen ... 20
    a) Der Erreger ... 20
    b) Materiell-ökonomische Lebensbedingungen ... 21
    c) Tuberkulose und industrielle Entwicklung ... 22
    d) Tuberkulose und Landbevölkerung ... 23
  3. Die psychologische Fragestellung in der Tuberkulose ... 25
  4. Gibt es „den" tuberkulösen Charakter? ... 27
  5. Die Sexualität des Tuberkulösen ... 28
  6. Erlebnis der Diagnose und Rolle des Heilstättenaufenthalts ... 29
  7. Der Zauberberg und seine Bewohner ... 31
III. Die Tuberkulose in ihren sozialen Verknüpfungen ... 34
  Arbeit und Erwerbsleben im Mittelpunkt der Rehabilitation ... 35

B. Die Realität

Interviews mit 26 tuberkulösen Expatienten ... 38
  Zur Methode der Interviews ... 38
  1. Diagnose und Heilstättenaufenthalt ... 42
  2. Die Bürokratie in der Tuberkulose-Bekämpfung ... 44
  3. Der Tuberkulöse zwischen Behandlung und Entlassung aus der Kur ... 45
  4. Die Arbeitsfähigkeit des Tuberkulösen ... 48
  5. Gesundheitsschädigende Arbeitsbedingungen ... 51
  6. Anforderungen des Erwerbslebens an den Arbeitnehmer ... 52

	Seite

7. Standpunkt der Arbeitgeber zur Beschäftigung von Tuberkulösen 54
   Das Problem der Ansteckungsgefahr 55
8. Wiedereingliederungsprobleme nach der Berufszugehörigkeit 57
   a) Selbständige und leitende Angestellte 58
   b) Ungelernte oder angelernte Arbeitskräfte 59
   c) Gelernte Arbeiter und Angestellte 60
9. Berufsumstellung, Berufswechsel, Umschulung 61
10. Jugendliche Tuberkulöse und ihre besonderen Probleme .. 63
11. Arbeitsschicksal der Expatienten und gemeinsame Probleme 67
12. Zur wirtschaftlichen Lage der Tuberkulösen 68
13. Selbsthilfe — theoretisches Prinzip und praktische Anwendung 77
14. Die Stellung des Tuberkulösen in der Gesellschaft 81

C. Die Therapie 85
   1. Die Heilstättenfürsorgerin 86
   2. Stellenvermittlung und Berufsberatung 88
   3. Arbeitstherapie und Arbeitsgewöhnung 90
   4. Nachfürsorge- und Werkstättensiedlung 94
   5. Werkseigene Tuberkulose-Fürsorge 99

Schlußbetrachtung 102
Literaturverzeichnis 105

Vorwort

Diese Arbeit, als Dissertation der Philosophischen Fakultät der Universität Heidelberg entstanden, ist ihrem Heidelberger Boden in zweifacher Weise verpflichtet. Der Eindruck der kultursoziologischen Tradition Max Webers und Alfred Webers war bei der Behandlung eines praktischen Themas Wegweiser und Ansporn. In dem Bemühen, ein konkretes und aktuelles Problem zu analysieren, kam mir stärker als bei allen früheren Studien zum Bewußtsein, wie sehr jede wissenschaftliche Arbeit eingespannt ist in die bleibenden Begriffswelten, die von vorangegangenen Forschungsleistungen geschaffen wurden.

Die Schule der Seminare bei Alfred Weber leistete zum methodischen Ergreifen meines Themas eine wertvolle Hilfe. Dort bemühte ich mich, zu lernen, hinter den im direkten Tageslicht verflacht erscheinenden Fragen der sozialen Wirklichkeit ihre kulturgeschichtlichen Schatten zu erkennen und ein Gefühl für die wahren Dimensionen unserer Lebensbedingungen zu gewinnen.

Der Mut zur Wahl des Themas selbst stammt aus einer zweiten Heidelberger Quelle. Als Schülerin von Alexander Rüstow fühlte ich mich angesprochen und bewegt von dem bedingungslosen Bekenntnis des Soziologen zu seiner Mission als Therapeut der menschlichen Situation. Ihre Diagnose soll nicht Selbstzweck bleiben: sie erhält ihren höchsten Sinn erst da, wo sie von dem Willen zum nächsten Schritt, zur Therapie beseelt ist.

Wie sehr die Mitwirkung der Soziologie bei den vitaldiagnostischen Aufgaben und den daran anknüpfenden sozialtherapeutischen Bestrebungen im realen Leben vonnöten ist, erwies die Beschäftigung mit einem Problemkreis, in den mich Frau Dr. med. Lotte Rosa-Wolff, Heidelberg, einführte. In jahrelanger Praxis als Fachärztin für Lungenkrankheiten wurde ihr immer wieder eindringlich vor Augen geführt, wie unbefriedigend und unvollständig die Behandlung Tuberkulöser bleiben muß, wenn sie — wie bisher — vorwiegend von pathologisch-anatomischen und bakteriologisch-seuchenhygienischen Gesichtspunkten bestimmt wird. Ihre ärztlichen Erfahrungen bestätigten, daß die ungenügende Kenntnis und Beachtung ökonomisch-sozialer und sozial-psychologischer Faktoren im Gesamtbild der Tuberkulose ihrer erfolgreichen Überwindung im Wege stehen. Viktor von Weizsäcker umfaßt diesen Kern treffend mit den Worten: es sei nötig, „daran zu erinnern, daß eine Krankheit verlieren etwas anderes ist als Heilung, sofern die Heilung etwas mit der Bestimmung des Menschen zu tun hat, und daß es ein Schaden sein kann, sich um diese Bestimmung nicht zu kümmern"[1].

Die Heilung des von der Tuberkulose heimgesuchten Körpers ist Gegenstand unzähliger und umfassender theoretischer und praktischer Bemühungen gewesen; hingegen ist die Wiederherstellung des kranken Verhältnisses zwischen dem Genesenen und seiner Umgebung, seine Wiedereinordnung in das gesellschaftliche Gefüge als Problem weniger bekannt und meist nur gelegentlich und am Rande erörtert worden. Die vorliegende Arbeit möchte dazu beitragen, diese Lücke in ihrer Tragweite bloßzulegen und Wege zu zeigen, auf denen es möglich sein sollte, sie zu schließen.

Für die theoretische Orientierung, die der wissenschaftlichen Bearbeitung dieses Themas vorausging, standen reichhaltige Informationsquellen zur Verfügung, die statistische Unterlagen und empirische Darstellungen einschlossen. Ihr Schwerpunkt ruhte jedoch fast ausschließlich auf den medizinischen Aspekten; soweit man auf geeignete Maßnahmen für eine umfassende Behandlung und Nachfürsorge hingewiesen hat, geschah es, ohne die ihr zugrundeliegenden soziologisch bedingten, menschlichen Nöte der geheilten Tuberkulösen, die Unzweckmäßigkeit ihrer Vitalsituation, im einzelnen darzulegen. Diesen Zusammenhängen systematisch, wenn auch notwendigerweise nur in einem sehr begrenzten Rahmen nachzuspüren, erwies sich als eine unerläßliche Ergänzung der bisherigen Untersuchungen, die sich die vorliegende Arbeit zur Aufgabe gemacht hat.

Das Anschauungsmaterial stammt vorwiegend aus der direkten Erfahrung und dem unmittelbaren Kontakt mit Menschen, die selbst einmal von der Tuberkulose betroffen waren und es noch sind, oder die ihren Mitmenschen helfen, sie zu überwinden. In vielen Gesprächen mit Ärzten, Psychologen und Psychotherapeuten, mit Vertretern der Arbeitsverwaltung und der öffentlichen und privaten Fürsorge war es außerordentlich erregend, festzustellen, wie aktuell und dringlich der untersuchte Problemkreis tatsächlich ist. Den gleichen Eindruck vermittelte der Besuch einer Arbeitsheilstätte im Schwarzwald und die Bekannntschaft mit einem Tuberkulose-Krankenhaus. Schließlich zeigte auch der schriftliche Kontakt mit ausländischen, insbesondere angelsächsischen und schweizerischen Vereinigungen zur Bekämpfung der Tuberkulose sowie mit Selbsthilfeorganisationen Tuberkulöser, wie groß das hilfsbereite und erwartungsvolle Interesse für Betrachtungen der vorliegenden Art ist.

Am wichtigsten für diese Arbeit erwiesen sich indessen die persönlichen, eingehenden Gespräche mit Expatienten, die mir aus der Praxis

---

[1] Viktor *v. Weizsäcker*, Geleitwort zu H. *Hübschmann:* Psyche und Tuberkulose, Stuttgart 1952.

von Frau Dr. Rosa-Wolff zugeführt wurden. Die Kenntnis dieser Einzelschicksale in ihrer Verwobenheit mit der Krankheit an sich und mit den daraus sich entwickelnden großen und kleinen Problemen des Alltags bildet den Ausgangspunkt der im Hauptteil vorgenommenen praktischen Analyse. Es wird erhofft, daß die Frische der unmittelbaren Erfahrung und Darstellung die unumgängliche lokale und numerische Begrenztheit dieser Untersuchung aufwiegt.

Die Möglichkeiten einer sozialen Therapie, der Einflußnahme auf die Vitalsituation klinisch geheilter Tuberkulöser, auf die im letzten Abschnitt der Arbeit hingewiesen wird, sollen schließlich zeigen, daß die Tuberkulose als kulturelle und soziale Krankheit durchaus überwunden werden kann. Sie fordern den Mut und den Willen zu sozial verantwortungsvollen und vorausschauenden Maßnahmen, die geeignet sind, den genesenen Tuberkulösen einem sowohl individuellmenschlich wie gesellschaftlich befriedigenden Dasein zuzuführen.

Berlin, im April 1956

Ingeborg Sweede

A. Das Problem

I. Einführung

1. Tuberkulose-Mortalität und Tuberkulose-Morbidität

Robert Koch nannte noch 1882 in seinem Vortrag vor der Physiologischen Gesellschaft zu Berlin die Tuberkulose eine „mörderische Krankheit"[1]. Denn sie raffe ein Siebentel, ja, wenn man nur die mittleren, produktiven Altersklassen in Betracht ziehe, ein Drittel aller Menschen dahin. Seit diesem Urteil hat die Tuberkulose ihren Charakter als eine der häufigsten Todesursachen verloren und ist in ihrem Verlauf wesentlich milder geworden.

In unserem Zivilisationsbereich sind auf dem Gebiet der Gesundheitspflege zweifellos große Fortschritte erzielt worden. Insbesondere in der Tuberkulose-Bekämpfung darf man von einer glänzenden Entwicklung sprechen. Zahlreiche amtliche, halbamtliche und private Veröffentlichungen stimmen darin überein, daß die Tuberkulose-Mortalität in den zivilisierten Ländern seit Jahren laufend im Sinken begriffen ist[2]. So berichtet die Weltgesundheitsorganisation (Genf 1953) von einer 1950 in 21 Ländern mit 404,4 Millionen Einwohnern durchgeführten Erhebung, nach der in Westeuropa und in den USA die Tuberkulose-Sterblichkeit seit der Zeit unmittelbar vor dem zweiten Weltkrieg — also seit rund 15 Jahren — um durchschnittlich 50 % gesunken ist[3].

Diese Feststellung trifft in großen Zügen auch für die Entwicklung in Deutschland zu, wo trotz der durch zwei Weltkriege verursachten

---

[1] Tuberkulose-Jahrbuch 1951/52, Hrsgb. Deutsches Zentralkomitee zur Bekämpfung der Tuberkulose, Hannover; Berlin, S. 167.

[2] Aus bisher ungeklärten Gründen haben an dieser Entwicklung mehr Frauen als Männer, mehr Kinder und Jugendliche als Erwachsene Anteil. Der sog. „klassische Gipfel" der Tuberkulose-Sterblichkeit junger Frauen hat sich in einen „Höcker" verwandelt. Der Tuberkulose-Arzt, Jg. 7, H. 11, November 1953, S. 688.

[3] Der Tuberkulose-Arzt, a.a.O.:

Schweden	68 %	Frankreich	48 %
Norwegen	60 %	USA	47 %
Dänemark	56 %	England	41 %
Schweiz	52 %		

Henry E. *Sigerist:* Krankheit und Zivilisation, Frankfurt 1952, S. 247: Tuberkulose-Sterblichkeit in den USA (je 100 000) im Jahre 1900: 190,5, im Jahre 1938: 48,9.

Einbrüche die Kurve der Tuberkulose-Sterblichkeit laufend zurückgegangen ist[4].

Der Anteil der Tuberkulose am gesamten Sterblichkeitsrückgang ist in Wirklichkeit sogar noch größer als die Statistik erkennen läßt, weil vor etwa 60 Jahren zahlreiche Todesfälle an Tuberkulose nicht als „Tuberkulose", sondern als „Bronchitis" oder „Altersschwäche" in die Statistik eingingen. Auf die Einwohnerzahl bezogen, dürfte sie im Laufe der letzten 80 Jahre bis auf den 20. Teil ihrer Ausgangshöhe gesunken sein[5].

Kennzeichnend für die günstiger gewordenen Heilungsaussichten und die längere Lebensdauer der Tuberkulösen ist die Statistik eines englischen Sanatoriums. Seine im Jahre 1930 entlassenen Patienten hatten geringere Chancen, am Leben zu bleiben (to be ultimate survivals) als jene, die 1940 ihre Kur beendeten. Während zehn Jahre nach ihrer Entlassung nur noch 25 % der ersten Gruppe am Leben waren und als „fit" bezeichnet werden konnten, stieg der Anteil der lebend und gesund gebliebenen Patienten in der zweiten Gruppe auf 45 %[6].

Die Reaktion der öffentlichen Meinung auf diese Erfolge in der Tuberkulose-Bekämpfung ist allerdings bedeutend optimistischer als es die Tatsachen erlauben. Sie macht deutlich, wie sehr auch auf diesem Gebiet das 20. Jahrhundert noch im Banne des Fortschrittglaubens des vergangenen Jahrhunderts befangen ist. Trotz mancher bitterer Erfahrungen mit den Schattenseiten jüngster Errungenschaften in der Zivilisationssphäre ist das Vertrauen in den universalen Fortschritt nahezu unerschüttert. Es erklärt die weithin geltende populäre Auffassung, die endgültige Überwindung der Tuberkulose stehe unmittelbar vor der Tür und das Kapitel ihrer Bekämpfung werde schon bald der Vergangenheit angehören. Eine verbreitete Vorliebe für das Denken in Verhältniszahlen statt in absoluten Zahlen darf uns jedoch nicht von der Frage abhalten, ob die Erfolge wirklich so gut sind wie sie sein könnten.

Eine Verringerung der Sterblichkeitsziffer ist nicht unbedingt gleichbedeutend mit einem entsprechend höheren Anteil von Gesunden; sie

---

[4] Tuberkulose-Sterblichkeit im Deutschen Reich (bis 1939) und in der Bundesrepublik (1946—1951) je 10 000 der Bevölkerung:

1906 — 16,4	1920 — 13,0	1946 — 6.8
1914 — 12,2	1930 — 6,6	1948 — 5,7
1918 — 20,3	1939 — 5,5	1949 — 4,1
		1951 — 3,1

Aus: Statistik der Bundesrepublik Deutschland, Bd. 74, Gesundheitswesen. Hrsgb. Statistisches Bundesamt Wiesbaden, 1953, S. 100.

[5] Karl *Freudenberg*: Betrachtungen zur Morbiditätsstatistik der Tuberkulose. Ärztliche Mitteilungen, 40. Jahrgang, Heft 36, 21. Dezember 1955, S. 1055 ff.

[6] E. *Brieger*: Possibilities and Limitations of Rehabilitation; unveröffentlichtes Manuskript eines Vortrages, gehalten in Kanada 1952.

kann ebenso gut mit einer wachsenden Zahl kranker Menschen in unserer Mitte parallel laufen. Wenn wir den Blick von den Tuberkulose-Mortalitätsziffern abwenden und uns einer Betrachtung der Tuberkulose-Morbidität widmen, öffnet sich ein Bild, das weitaus weniger ermutigend und, sozial gesehen, fast beunruhigend wirkt. Die Tuberkulose-Morbidität zeigt eine sehr geringfügige Neigung zum Abklingen; sie bleibt teilweise nahezu konstant. Dieser wichtige Aspekt im Gefolge der bemerkenswerten Fortschritte in der Tuberkulose-Bekämpfung wird außerhalb von Fachkreisen allerdings fast immer übersehen. Das Auseinanderklaffen der Mortalitäts- und Morbiditätsziffern kommt nur wenigen in seiner vollen Tragweite zum Bewußtsein.

Den Ausgangspunkt der Tuberkulose-Forschung bildete von jeher die Tuberkulose-Sterblichkeit, weil statistische Erhebungen über den Umfang der Tuberkulose-Morbidität mit noch größeren Schwierigkeiten verknüpft sind als die Erfassung der Tuberkulose-Todesfälle. Dafür gibt es eine Reihe von Gründen.

1. Die Feststellung der verschiedenen Formen und Stadien einer tuberkulösen Erkrankung und ihre Einordnung in ein Berichtsschema ist weitgehend von der subjektiven Beurteilung des einzelnen Arztes abhängig. Es liegt in der Eigenart des tuberkulösen Krankheitsbildes, daß diese nicht immer zuverlässig sein kann. Überdies handelt es sich bei vielen Diagnosen selbst schwerer Fälle oft um Zufallsbefunde, denen bereits eine längere, wenn auch unbemerkt gebliebene Krankheitsdauer vorausgegangen sein kann.

2. Die für das Deutsche Reich allein gültige, durch Verordnung vom 1. Dezember 1938 geregelte Anzeigepflicht, die sich auf Lungentuberkulose nur insoweit erstreckte, als sie ansteckend war, wurde auf Verlangen der alliierten Militärregierungen seit 1946 auf alle aktiven Formen der Krankheit ausgedehnt; der Begriff „aktiv" wurde indessen nicht einheitlich abgegrenzt, so daß länderweise eine unterschiedliche Handhabung der Meldungen erfolgte.

3. Abweichend von den Meldungen der Ärzte und Krankenanstalten an die Gesundheitsämter umfassen die von diesen an die Statistischen Landesämter geleiteten Meldungen nur vom Gesundheitsamt bestätigte oder von ihm selbst gestellte Diagnosen; sie stellen also unterste Werte dar.

4. Eine Abweichung zwischen den standesamtlichen und den gesundheitsamtlich erfaßten Tuberkulose-Sterbefällen beweist, daß ein bestimmter Prozentsatz von Erkrankungen vor dem Tode dem Gesundheitsamt gar nicht bekannt war. 1950 handelte es sich um 7 %, 1951 um 13,6 %.

5. Die Tuberkulose-Mortalitäts-Statistik ergibt schließlich insofern kein wirklichkeitsgetreues Bild, als rund ein Viertel aller verstorbenen Tuberkulosekranken nicht der Tuberkulose, sondern sog. „interkurrenten" Krankheiten — Herz, Kreislauf, usw. — erliegen. Die Allgemeinsterblichkeit der Tuberkulösen ist 4½ mal so groß wie die der Gesamtbevölkerung[7].

Ein Vergleich zwischen der Entwicklung der Morbidität und dem Verlauf der Mortalität ist nicht möglich, da Deutschland für die Zeit

---

[7] Tuberkulose-Jahrbuch 1950/51, S. 51. Tuberkulose-Jahrbuch 1951/52, S. 56 f., 86.

vor 1945 keine Zahlen des Bestandes an offenen oder aktiven Tuberkulösen besitzt. Selbst die Anfänge der Morbiditätsstatistik waren, wie nachgewiesen worden ist, unzulänglich und ungenau; erst jetzt beginnt sie ein zuverlässigeres Bild zu vermitteln[8].

Die vom Statistischen Bundesamt ausgewiesenen Bestandszahlen weichen von der Statistik für Neuerkrankungen insofern ab, als die rückläufige Tendenz im Bestand weniger ausgeprägt ist und bis 1951 sogar noch einen Anstieg aufwies[9]. Die Bestandszahl gilt für die Beurteilung der Erkrankungshäufigkeit als ein wesentlich besserer Gradmesser. Aus den Übersichten geht weiterhin hervor, daß der Rückgang ansteckender im Vergleich zu nichtansteckender Tuberkulose geringfügiger ist[10].

Wenn heute in der überwiegenden Zahl tuberkulöser Erkrankungen der Tod verhindert werden kann, so müssen wir aus den vorliegenden Morbiditäts-Statistiken immerhin schließen, daß, abgesehen von einer verbesserten Erfassung der Erkrankungsfälle und von einer größer werdenden Zahl gänzlich Geheilter Rückfälle nach wie vor häufig sind und der Anteil der chronischen Tuberkulösen kaum zurückgeht.

Der Charakter der Tuberkulose-Bekämpfung hat sich demnach unverkennbar gewandelt. Neben die der Vorbeugung und der Früherfassung dienenden Maßnahmen und neben die „Intensivbehandlung"[11] als der äußerst konsequenten und vollständigen Ausnutzung aller Möglichkeiten auf diagnostischem und therapeutischem Gebiet tritt als um-

---

[8] Karl *Freudenberg* a.a.O.

[9] B e s t a n d der an aktiver Tuberkulose (Atmungsorgane) Erkrankten im Bundesgebiet 1949—1953 (je 10 000 der Bevölkerung):

	1949	1950	1951	1952	1953
ansteckend	27,79	28,65	29,19	28,99	28,11
nicht-ansteckend	66,56	59,77	56,56	54,42	53,87
zusammen	95,16	88,42	85,75	83,41	81,98

N e u z u g ä n g e an aktiver Tuberkulose (Atmungsorgane) im Bundesgebiet 1949—1953 (je 10 000 der Bevölkerung):

	1949	1950	1951	1952	1953
ansteckend	7,50	7,11	6,93	6,41	5,99
nicht-ansteckend	20,25	15,60	14,69	13,79	12,92
zusammen	27,74	22,71	21,62	20,20	18,92

Statistik der Bundesrepublik Deutschland, Bd. 74 und Bd. 127, Gesundheitswesen, S. 42 f. bzw. S. 53—55.

[10] B e s t a n d der an aktiver Tuberkulose Erkrankten im Bundesgebiet nach Alter und Geschlecht (je 10 000 der Bevölkerung):

	Ansteckend				Nichtansteckend			
	1950	1951	1952	1953	1950	1951	1952	1953
Kinder 0—15 Jahre	1,7	1,8	1,7	1,9	79,6	66,8	56,2	58,9
Männer 15 J. u. mehr	48,7	50,3	49,7	50,3	54,8	55,9	57,1	62,7
Frauen 15 J. u. mehr	24,3	24,3	23,6	23,2	38,5	39,3	40,0	43,7

Statistik der Bundesrepublik Deutschland, Bd. 74 und Bd. 127, Gesundheitswesen, S. 15 bzw. S. 55.
Vgl. a. Wirtschaft und Statistik, 7. Jg. NF H. 6, Juni 1955, S. 300 f.

[11] W. *Bronkhorst*: Klinische Behandlung und Nachfürsorge bei der Tuberkulose. Tuberkulose-Bibliothek Nr. 77, Leipzig 1940, S. 8.

fassendere Aufgabe die Rehabilitation. Es gehört zu den wesentlichen Anliegen dieser Arbeit, darzulegen, daß die Tuberkulose-Bekämpfung von Überlegungen und Erfahrungen ganz bestimmter Art ausgehen muß, wenn die bisher ungelöste Frage der Sicherung des Behandlungserfolges gemeistert, das Schicksal der nicht völlig oder nur vorläufig Genesenen für diese seelisch, wirtschaftlich und sozial leichter tragbar gemacht werden und gegenwärtigen sozialpolitischen Zielsetzungen entsprechen soll.

Nachbehandlung und Nachfürsorge in dem bisher üblichen Rahmen beschränken sich fast durchweg auf ärztliche Kontrolluntersuchungen und die Behebung der gröbsten wirtschaftlichen Not der Patienten; sie beruhen auf dem statischen Prinzip, das den besonderen Belangen klinisch geheilter Tuberkulöser nur in höchst unvollkommener Weise gerecht wird. Anders verhält es sich dagegen mit der sich scharf davon abhebenden, auf dem dynamischen Prinzip aufbauenden Behandlung und Wiedereingliederung. Für sie hat sich der aus dem Angelsächsischen übernommene Begriff der „Rehabilitation" auch im deutschen Sprachgebrauch durchgesetzt. Er umfaßt alle medizinischen, berufsfördernden und sozialfürsorgerischen Maßnahmen, die die Herstellung oder Wiederherstellung der physischen und psychischen Leistungsfähigkeit des Behinderten und seine berufliche und soziale Eingliederung oder Wiedereingliederung anstreben. Richtig verstanden, stellt die Rehabilitation mehr als einen ergänzenden Teilbereich bisheriger Bemühungen dar, denn in der Regel wird es zweckmäßig sein, schon in der ersten Behandlungsphase mit ihr zu beginnen oder sie in einem übergreifenden Heilungsplan zu konzipieren.

Diese „dynamische Rehabilitation" vollzieht sich als ein kontinuierlicher Prozeß[12] individualisierender Betreuung, der eine Reihe von Phasen und Möglichkeiten umschließt, die zwar immer wieder eingehend und lebhaft erörtert, aber, soweit es Tuberkulöse betrifft, bisher kaum im größeren Umfang verwirklicht worden sind.

2. Einteilung der Tuberkulösen in drei Patientengruppen

Wenn man eine Unterteilung der tuberkulösen Patienten in folgende drei Gruppen vornimmt, wird sofort deutlich, wo die Aufgaben der Rehabilitation liegen und welche Wege sie beschreiten kann. Die Einteilung trägt ferner dazu bei, den Personenkreis herauszustellen, der uns in dieser Arbeit vor allem beschäftigen wird, und dessen soziale Wirklichkeit zu beleuchten Zweck der folgenden empirischen Untersuchung sein wird.

---
[12] Karl-Robert Rosa: Rehabilitation bei Tuberkulosekranken. Med. Diss. Mainz 1955. Vgl. die übersichtliche graphische Darstellung der Rehabilitation als Prozeß.

Als günstigsten Fall finden wir eine Gruppe von Patienten, deren Behandlung erfolgreich verläuft, und die laut Entlassungsbefund als geheilt und erwerbsfähig gelten. Für sie bedeutet die Rückkehr in das Leben der Gesunden keine merkliche Belastung und erfordert keine besondere Hilfestellung.

Den extremen Gegensatz bildet die zweite Gruppe von Patienten, bei denen eine ungünstige Entwicklung zu dauernder und vollständiger Invalidität führt. Sie sind vornehmlich pflegebedürftig, und eine Möglichkeit, durch medizinische oder soziale Maßnahmen ihre Eingliederungsfähigkeit wiederherzustellen, besteht nicht mehr.

Die dritte und größte Gruppe stellen die Patienten in einer Mittellage dar, die teilweise gebessert und teilweise erwerbsfähig entlassen werden. Unter ihnen befinden sich solche, bei denen nach Abschluß der klinischen Behandlung keine wesentlichen Änderungen ihres Gesundheitszustandes zu erwarten sind. In der medizinischen Fachsprache werden sie häufig die „guten Chroniker" genannt. Ferner gehören zu dieser Gruppe jene Patienten, deren Schicksal mit der Entlassung aus der Kur noch nicht entschieden ist. Da in der Mehrzahl tuberkulöser Krankheitsfälle die Prognostik nach wie vor ein ungelöstes Problem ist, halten sich die Chancen dieser Patientengruppe für eine günstige oder ungünstige Entwicklung vorerst noch die Waage. Erst in den folgenden Jahren, in der Bewährung von Zeit und Arbeit, wird sich zeigen, ob sie zu den „Gewinnern" oder den „Verlierern" im Kampf mit ihrer Krankheit gehören werden[13].

Alle in diese Gruppe gehörenden Tuberkulösen sind weder völlig gesund noch im eigentlichen Sinne krank; deshalb hat sich die ebenfalls aus dem angelsächsischen Sprachgebrauch stammende Bezeichnung „Expatienten" für sie sehr bewährt. Sie alle sind in den durch ihren Gesundheitszustand gesetzten Grenzen als erwerbsfähig anzusehen und in der Lage, ihren Platz in der Gesellschaft wiedereinzunehmen.

Es ist diese sehr umfangreiche Gruppe der „potentiellen Heilfälle", die der Rehabilitation in besonderem Maße bedarf[14]. Im Gegensatz zu der nicht rehabilitationsbedürftigen ersten und der nicht oder kaum noch rehabilitationsfähigen zweiten Gruppe Tuberkulöser muß diesen

---

[13] E. *Brieger,* a.a.O.; L. *Rosa-Wolff.*

[14] Das Größenverhältnis dieser drei Gruppen zueinander wird durch die folgende Aufstellung von 361 innerhalb eines Jahres aus einer Heilstätte entlassenen männlichen Patienten veranschaulicht:
    1. Gruppe — Erfolgsfälle .... 1 Patient
    2. Gruppe — Mißerfolgsfälle .... 148 Patienten
    3. Gruppe — Teilerfolgsfälle .... 212 Patienten
Aus: Lilly *Zarncke:* Der Arbeitsgedanke in der Tuberkulose-Bekämpfung und Tuberkulose-Hilfe, Berlin—Leipzig 1943, S. 12.

Expatienten während einer Übergangszeit unter schützenden Lebens- und Arbeitsbedingungen die Chance geboten werden, daß sich die Ausdifferenzierung in Gewinner und Verlierer so weit wie nur irgend möglich zugunsten der Gewinner vollzieht.

Es genügt nicht, den Patienten an die Heilung heranzuführen, ihn versicherungspflichtig abzufinden, und ihn sodann als Spielball des Zufalls dem täglichen Lebenskampf, den Wohnungs-, Ernährungs- und Arbeitsschwierigkeiten zu überlassen. Der Zweck des gesamten Heilungsprozesses ist verfehlt, wenn es nicht gelingt, die Lebensverhältnisse, in die der Genesene entlassen wird, den Lebensbedingungen anzugleichen, unter denen er mit einem großen Aufwand an Zeit und Kosten geheilt wurde. Die Umstellung von dem geschützten Dasein während des Sanatoriumsaufenthaltes, das sich ausschließlich nach den Bedürfnissen des Tuberkulosekranken richtete, auf ein solches, in dem seine noch geminderten Fähigkeiten gänzlich unberücksichtigt bleiben, muß alle therapeutischen Bemühungen letzten Endes zunichte machen. Das noch lange Zeit über dem Expatienten schwebende Damoklesschwert eines erneuten Krankheitsausbruchs verschwindet erst dann endgültig, wenn der Expatient einbezogen wird in einen ganzheitlichen Heilungsplan, der auch eine ihm angemessene Vitalsituation bereitstellt.

Um die mühsam wiedererlangte Gesundheit nicht zu gefährden, darf die schützende Hand nicht eher von ihm abgezogen werden, bis er wieder an einem Platz in der Gesellschaft steht, an dem er seine Daseinsberechtigung hat, und an dem er die ihm verbliebenen Existenzmöglichkeiten realisieren kann. Ohne die Bereitstellung geeigneter soziologischer Bedingungen und die Wiedereingliederung der vorher „Abgesonderten" in alle Bezirke des Lebens verliert auch die beste ärztliche Behandlung ihren Wert und ihren Sinn.

3. Rehabilitation Tuberkulöser, eine gesellschaftliche Aufgabe

Die Rehabilitation ist die Summe aller Hilfen und Maßnahmen, die erforderlich sind, um den Expatienten, ohne ihm die eigene Verantwortung abzunehmen, zurückzuführen in Lebens- und Arbeitsbedingungen, die seine wiedererworbene Gesundheit nicht gefährden und die ihm schließlich erneut zu gesellschaftlich-wirtschaftlicher Unabhängigkeit verhelfen. Der klinischen Heilung ist die Rückführung in einen normalen, ihm angepaßten Lebens- und Arbeitsrhythmus sinnvoll zur Seite zu stellen, wenn er nicht „Zaungast des Lebens"[15] oder am Ende doch ein Opfer seiner Krankheit werden soll. Der Erfolg

---

[15] Heinz *Püster*: Der Schwerbeschädigte in der Gesetzgebung und am Arbeitsplatz, Herford 1950, S. 169 f.

der Rehabilitation besteht in der Fähigkeit des Expatienten, sich selbst weiterzuhelfen, mit seinen Problemen fertig zu werden und aus eigener Kraft inmitten einer gesunden Gesellschaft ein Auskommen zu finden. Es ist offensichtlich, daß die Lösung der Rehabilitationsaufgabe in der angedeuteten Form über ärztliches Vermögen und ärztliche Verantwortung weit hinausgeht und auch in der Zusammenarbeit von Arzt und Patient allein nicht erreicht werden kann. Während der Kampf gegen die Tuberkulose als Infektionskrankheit im öffentlichen Bewußtsein zu einer Selbstverständlichkeit geworden ist und seit Jahren umfangreiche öffentliche Mittel für diesen Kampf aufgewendet werden, fehlt es gleichwohl noch an Verständnis und Hilfsbereitschaft für die Tuberkulösen während der für sie so entscheidenden Jahre nach der Heilung[16]. Nur die Unkenntnis der verborgenen Tragik im Leben Tausender temporär oder unvollkommen geheilter Menschen, von den unablässig sich auf ihrem Lebensweg auftürmenden Hindernissen, macht die erstaunlichen Mängel und Lücken sinnvoller Hilfen erklärlich, wenn auch nicht entschuldbar. Wenn in einer „Krankheit und Zivilisation" betitelten Arbeit der Vorwurf erhoben wird, daß die „Technologie der Medizin ihre Soziologie überrannt hat"[17], so ließe er sich hinsichtlich der Tuberkulose vielleicht mit einer gewissen Berechtigung vertreten. Die Rehabilitation ist nicht nur eine organisatorische, eine gleichsam mechanisch zu lösende Aufgabe, sondern sie ist Ziel und Abschluß einer gut durchgeführten menschlichen Behandlung. Damit dient sie sowohl dem Patienten als Person wie der Gemeinschaft als sozialem Organismus.

Die Rehabilitation Tuberkulöser ist von physischen, psychisch-moralischen und wirtschaftlich-sozialen Faktoren abhängig, die in einer schwer zu entflechtenden Wechselbeziehung auf das weitere Schicksal des von der Tuberkulose Betroffenen einwirken. Wenn in dieser Arbeit

---

[16] Vgl. hierzu „Wirtschaft und Statistik", 3. Jg. H. 7, Juli 1951, S. 277 ff: Der finanzielle Aufwand für die Bekämpfung der Tuberkulose läßt sich nur annähernd auf rund DM 250 Millionen schätzen. Den Hauptanteil übernehmen im Bundesgebiet die Träger der Rentenversicherung, und zwar in erster Linie die Landesversicherungsanstalten, von denen im Jahre 1950 rd. DM 195 Millionen aufgebracht wurden, vorwiegend für stationäre Behandlung. Weitere Kostenträger sind die Landesfürsorgeverbände, die im Haushaltsjahr 1950/51 rd. DM 51 Millionen aufwendeten. Der Bund übernimmt die Kosten für etwa 71 000 tuberkulöse Kriegsbeschädigte, die freie Heilbehandlung und Rente erhalten. Die Mittel für den Unterhalt von 480 Tuberkulose-Fürsorgestellen und für Reihenuntersuchungen sind nicht gesondert nachzuweisen.
In einem Schreiben vom 16. 5. 1953 teilte die Landesversicherungsanstalt Baden mit, daß eine dreimonatige heilklimatische Kur ohne chirurgische Eingriffe durchschnittlich etwa DM 1000,— kostet.
Der Niedersächsische Verein zur Bekämpfung der Tuberkulose schätzt die Kurkosten für eine fortgeschrittene offene Tuberkulose auf DM 10 000,— (aus: Frankfurter Allgemeine Zeitung, 7. Februar 1954).
[17] Henry E. *Sigerist*, a.a.O., S. 247.

der wirtschaftlich-soziale Faktor als Ansatzpunkt der Analyse des Rehabilitations-Problems gewählt wird, so geschieht dies im vollen Bewußtsein der Gesamtzusammenhänge. Bei dem Versuch, den Kreis der Probleme abzustecken, denen der tuberkulöse Expatient bei seinem Wiedereintritt in das Erwerbsleben begegnet, bietet die Betrachtung von Arbeitsmöglichkeiten und Arbeitsverhältnissen für diesen Personenkreis einen besonders geeigneten, konkreten Teilausschnitt. Auch hier wird sich wieder zeigen, daß nur Verständnis und Zusammenwirken aller beteiligten Kreise auf privater, kommunaler und staatlicher Ebene zum Gelingen der angedeuteten Aufgaben beitragen können.

II. Vielfältige Faktoren in Entstehung und Verlauf der Tuberkulose

1. Tuberkulose, ein schicksalbegleitendes Leiden

Die Heilerfolge der letzten Jahrzehnte und der allgemeine Optimismus hinsichtlich eines endgültigen Sieges der Medizin über die Tuberkulose vermochte nicht auf die Furcht vor der Tuberkulose einzuwirken; sie ist noch heute tief im menschlichen Denken verwurzelt. In stärkerem Maße als bei anderen Infektionskrankheiten, ähnlich der Reaktion des biblischen und des mittelalterlichen Menschen auf den Aussatz, neigt hier der moderne Mensch zur „ontologischen" Krankheitsauffassung[18] magisch-religiösen Ursprungs. Die Krankheit wird als selbständige Individualität gesehen, die den Menschen von außen „befällt" — als Fremdkörper, als Heimsuchung oder Strafe und Prüfung von Gott. Ihre Langwierigkeit, ihr schleichender und unberechenbarer Verlauf, die Schwere und Heimtücke, mit der sie oft den Menschen überrascht und über die körperliche Inanspruchnahme hinaus zur Zaesur seines Lebens führen kann, verleiht ihr den Stempel des Schicksalhaften. „Schicksalhaft ist, was von unserem Wollen und Wünschen unabhängig an uns herantritt, womit wir fertig zu werden haben[19]." Für manche Patienten mag das Krankheitsgeschehen eine zwar harte, doch vorübergehende Daseinslage schaffen. Für die meisten jedoch ist die Tuberkulose mehr als eine Episode, weil sie als eine die gesamte Lebenslage und Lebensführung beeinflussende Belastung auch dann lebensbegleitend bleibt, wenn keine oder nur geringe Krankheitszeichen fortbestehen.

Eine Gegenüberstellung der beiden Wörter „Leiden" und „Krankheit" mag verdeutlichen, daß beide Begriffe nicht nur einen graduellen, sondern auch einen Wesensunterschied enthalten. Krankheit als Störung des Gleichgewichts genannt Gesundheit ist ein vorübergehender Prozeß, von dem man sich erholen kann. Leiden dagegen bezeichnet

---

[18] Paul *Diepgen:* Medizin und Kultur, Ges. Aufsätze, Stuttgart 1938, S. 52.
[19] J. *Rudert:* Charakter und Schicksal, Potsdam 1944, S. 4.

einen chronischen Zustand, von dem etwas haften bleibt, und der den ganzen Menschen in seiner psychophysischen Gleichzeitigkeit prägt. Körperliches Geschehen dringt immer wieder in das Bewußtsein des Betroffenen ein, verschmilzt im seelischen Vorgang und wird als Leiden „erlebt"[20].

2. Ursachen der tuberkulösen Erkrankung und deren Deutungen

Die Besonderheit der Tuberkulose und ihre Abgrenzung anderen Krankheiten gegenüber ist begründet in einem ebenso komplexen wie differenzierten Zusammentreffen innerer und äußerer, körperlicher und seelischer, individueller und sozialer Faktoren. Ein kausales Zusammenwirken von isoliert zu betrachtenden Ursachen, die zum Sein der Krankheit führen, liegt bei ihr nicht ohne weiteres vor. Nicht die eine Ursache, sondern eine Vielheit von Bedingungen und Beziehungen, ein „multiples Ursachengeflecht" liegt ihr häufig zugrunde[21], in dem wirtschaftliche und soziale Faktoren eine wichtige Rolle spielen.

a) Der Erreger

Wohl ist der spezifische Erreger für den Krankheitsausbruch unerläßlich — ohne ihn tritt die Tuberkulose nicht auf. Doch bereits die Umkehrung dieser Formulierung, das Eindringen der Bazillen müsse zur Krankheit führen, ist kaum noch zutreffend[22]. Nachweislich setzen sich fast alle Menschen unter modernen Lebensbedingungen schon in ihrer Jugend mit Tuberkeln auseinander. Bis zum 14. Lebensjahr sind 43 %, bis zum 20. Lebensjahr 65 % und bis zum 29. Lebensjahr 85 % der Menschen tuberkulinpositiv[23]. Aber nur bei einem geringen Prozentsatz tritt die Krankheit klinisch in Erscheinung. Die wirklich auslösenden Ursachen der individuell schwankenden Resistenz, der dem Individuum von Natur aus gegebenen unspezifischen Abwehrkraft, und der erst durch die Infektion erworbenen Immunität sind nicht mit wissenschaftlicher Genauigkeit zu ermitteln; in der Geschichte der Medizin sind sie immer wieder umstritten gewesen[24]. Ansteckung und physisch-psychische konstitutionelle Disposition „und die soziale Um-

---

[20] Alexander *Mitscherlich:* Freiheit und Unfreiheit in der Krankheit, Hamburg 1946, S. 123.

[21] Tuberkulose-Jahrbuch 1950/51, a.a.O., S. 108.

[22] In den 1903 erschienenen „Ketzerischen Briefen über Tuberkulose" von J. A. *Glaeser* hieß es, „die Behauptung *Kochs,* daß der Begleiter auch der Erzeuger des Zustandes sei, müsse in Frage gestellt werden" (S. 5).

[23] Tuberkulose-Jahrbuch 1951/52, a.a.O., S. 185.

[24] Hellmuth *Deist* und Herm. *Krauss:* Die Tuberkulose. Ihre Erkennung und Behandlung, Stuttgart 1951, S. 92. E. *Rodenwaldt* und R. E. *Bader:* Lehrbuch der Hygiene, Berlin 1951.

welt als Bindemittel zwischen beiden Polen"[25] können in einem nicht bestimmbaren Größenverhältnis zueinander aus der Infektion die Krankheit entstehen lassen.

b) Materiell-ökonomische Lebensbedingungen

In dem Bemühen, die eine Ursache für das Auftreten der Tuberkulose ausfindig zu machen, bestand in den ersten Jahrzehnten dieses Jahrhunderts, in einer vom Materialismus geprägten Denkweise, ja, bis in die Gegenwart hinein, eine gewisse Neigung, ausschließlich ökonomische Verhältnisse verantwortlich zu machen. Die Tuberkulose wurde geradezu als Armuts-, Wohnungs- oder Proletarierkrankheit, als Krankheit der Minderbemittelten bezeichnet und erhielt damit das Odium sozialer Diskriminierung.

Entsprechende Untersuchungen müssen heute als unvollständig und unbefriedigend erscheinen, weil sie mit wissenschaftlich kaum haltbaren Kategorien arbeiten.

So z. B. ergibt eine die Jahre 1901—1905 umfassende Pariser Statistik eine Tuberkulose-Sterblichkeit je 100 000 Lebende von

454 bei „sehr reichen"
893 bei „reichen"
996 bei „sehr wohlhabenden"
1566 bei „wohlhabenden"
1675 bei „armen"
2296 bei „sehr armen"[26].

Eine andere, in ihrer Einstellung ähnliche Sterblichkeitsstatistik vergleicht Einkommen und Tuberkulose in dem Berliner Bezirk Charlottenburg (ohne Jahr, je 10 000 Lebende)[27]:

16,3 bei einem Einkommen unter RM 900,—
9,2 bei einem Einkommen von RM 900—3000,—
4,5 bei einem Einkommen von RM 3000—6500,—
3,3 bei einem Einkommen über RM 6500,—.

Der Grad der Wohlhabenheit und die Höhe des Einkommens sind gewiß nicht ohne Einfluß auf Lebenszuschnitt und Lebensführung des Menschen und verdienen somit als umweltbedingte Krankheitszusammenhänge berücksichtigt zu werden. Beide besagen aber nichts über die individuelle Konstitution oder über seelische Momente, deren Wichtigkeit die jüngere Forschung betont[28].

---

[25] Alfred *Grotjahn:* Soziale Pathologie, 3. Aufl., Berlin 1923, S. 47.
[26] Gustav *Hoch:* Tuberkulose und Umwelt, Tuberkulose-Bibliothek Nr. 47, Leipzig 1932, S. 3.
[27] Georg *Rosenfeld:* Tuberkulose und Ernährung, Tuberkulose-Bibliothek Nr. 21, Leipzig 1925, S. 4.
[28] Rolf *Griesbach:* Die Tuberkulose-Bekämpfung. Grundlagen und Weg zu einer einheitlichen und erfolgreichen Durchführung, 2. Aufl. Stuttgart 1948, vgl. S. 284.

Noch 1934 wurde in zehn Staaten der USA die Tuberkulose-Sterblichkeit mit Berufsständen in Beziehung gesetzt, um die ökonomisch determinierten Hintergründe der Krankheit darzulegen. Auf je 100 000 Lebende in den Altersklassen von 25 bis 44 Jahren starben an Tuberkulose

    28,6 in gehobenen Berufen
    67,6 der Angestellten
    69,0 der gelernten Arbeiter
    193,5 der ungelernten Arbeiter[29].

c) Tuberkulose und industrielle Entwicklung

Schließlich vermutete man in der Tuberkulose eine Folgeerscheinung der industriellen Entwicklung, und man kam bei derartigen Untersuchungen auf stark voneinander abweichende Ergebnisse.

Eine den Zeitraum von 1870 bis 1920 umschließende Übersicht über mehrere europäische Länder in jeweils verschiedenen Stadien des industriellen Fortschritts ergab auf Grund eines zeitlichen wie örtlichen Vergleichs eine geringere Sterbeziffer zugunsten der höher industrialisierten Länder[30]. Dieses Untersuchungsergebnis wird dahin gedeutet, daß bei der Tuberkulose zwar Einflüsse verschiedenster Art in Betracht zu ziehen sind, wie z. B. sozialpolitische Maßnahmen, die „wie in einem Brennspiegel in der Bilanz einer einzigen Endzahl"[31] zusammenfallen, daß aber mögliche oder angebliche Schäden im Gefolge der Industrialisierung und Urbanisierung kompensiert werden durch einen höheren Lebensstandard, durch wirtschaftlich und hygienisch erheblich bessere Lebensverhältnisse weiter Bevölkerungskreise.

Eine höchst interessante englische Arbeit bemüht sich um die Aufdeckung des Zusammenhanges zwischen Industrialisierung und überdurchschnittlicher Tuberkulose - Sterblichkeit bei den Angehörigen zweier nicht tuberkulose-spezifisch gefährdeten Berufe — den Druckern und den Schuhmachern. In ihrem Ergebnis ist diese Arbeit überzeugender als die zuvor angeführten, weil sie in stärkerem Maße die soziologischen Bedingungen berücksichtigt[32].

---

[29] Henry E. *Sigerist*, a.a.O., S. 71.
Was sind „gehobene Berufe"? Sie können auch „Angestellte" in leitenden Positionen einbeziehen. Die Unterscheidung von Angestellten und Arbeitern ist heute ein unzulängliches Kriterium für den Lebensstandard geworden. weil z. B. hochqualifizierte Facharbeiter (und ganz besonders in den USA) wirtschaftlich oft besser gestellt sind als Angestellte in den niedrigen Einkommensstufen.
[30] Georg *Wolff*: Der Gang der Tuberkulose-Sterblichkeit und die Industrialisierung Europas, Tbc-Bibliothek Nr. 23, Leipzig 1926.
[31] Georg *Wolff*, S. 166.
[32] Margaret *Cairns* and Alice *Stewart*: Pulmonary Tuberculosis Mortality in the Printing and Shoemaking Trades, Historical Survey 1881—1931. British Medical Association, London 1951.

Vor 75 Jahren (1881) lag die Tuberkulose-Sterblichkeit bei den Druckern sehr viel höher als bei den Schuhmachern. Dreißig Jahre später (1911) war sie für beide Berufszweige etwa gleich, und 1931 schließlich übertraf die Mortalität der Schuhmacher die der Drucker. Diese merkwürdig unterschiedliche Entwicklung wird, wie folgt gedeutet: im Schuhmacherhandwerk wurde erst gegen Ende des 19. Jahrhunderts der maschinelle Betrieb eingeführt. Dennoch bewahrte es eine ganze Reihe von Jahren den Charakter einer Heimindustrie, die erst um 1911 völlig vom Fabriksystem abgelöst wurde. Im Druckereigewerbe hingegen waren die entscheidenden technischen Neuerungen bereits um die Mitte des 19. Jahrhunderts eingeführt und der Übergang zum Großbetrieb vollzogen worden; seither sind in der Produktionsform dieses Gewerbezweiges keine wesentlichen Änderungen mehr eingetreten.

Ausschlaggebend erscheint also der Zeitpunkt der Industrialisierung, der in dem einen Berufszweig 50 Jahre früher eintrat als in dem anderen. Infolge der zwangsläufigen Umstellung geriet der jeweils betroffene Berufszweig in eine wirtschaftliche Notlage, die zu einer Resistenzminderung seiner Angehörigen gegenüber Infektionskrankheiten führte, und dementsprechend die Tuberkulose-Sterblichkeit in den beiden Berufszweigen verschieden beeinflußte.

Eine daran anschließende Arbeit aus der gleichen Quelle glaubt an Hand von Reihenuntersuchungen innerhalb des Schuhmacher-Handwerks eines bestimmten Bezirks feststellen zu können, daß die Tuberkulose-Morbidität in großen Schuhfabriken höher liegt als in kleineren Handwerksbetrieben[33]. Als Ursache wird die erhöhte Ansteckungsmöglichkeit in Großbetrieben angegeben, d. h., es wird vermutet, daß ein unmittelbarer Zusammenhang besteht zwischen Tuberkulose-Anfälligkeit und Zahl der Belegschaftsmitglieder.

d) *Tuberkulose und Landbevölkerung*

Ein flüchtiger Blick auf die Tuberkulose-Häufigkeit unter der Landbevölkerung mag einen weiteren Beitrag zur Frage der grundsätzlichen Umweltgebundenheit der Krankheit liefern.

Noch vor wenigen Jahrzehnten war die Gefährdung, gemessen an der Tuberkulose-Sterblichkeit, in den Städten und besonders den Großstädten immer etwas höher als in den Landgemeinden[34]. Doch bestehen

---

[33] Alice *Stewart:* Problems of Tuberculosis in Industry, a Study of the Shoemaking Trade in Northamptonshire. The British Journal of Tuberculosis, Sonderdruck 1952.

[34] Georg *Wolff*, a.a.O., S. 144:
Tuberkulose-Sterblichkeit je 100 000 Lebende 1918:
    im Staate New York.................... 140,9
    in der Stadt New York................. 152,8
    im Staat New York ohne Städte.......... 116,2
    in den Landgemeinden des Staates New York 111,5.

jetzt hinsichtlich der Tuberkulose-Durchseuchung keine ausgesprochenen Unterschiede mehr zwischen vorwiegend ländlichen und vorwiegend städtischen Bezirken. Die Ungunst städtischer Lebensbedingungen ist durch die Hygiene als spezifisch städtische Form der Umweltgestaltung, durch abwechslungsreichere Ernährung in manchen Bevölkerungskreisen weitgehend ausgeglichen worden. Die Auffassung, daß auf dem Lande mit seiner guten Luft und reichlichen Ernährung die Tuberkulose-Gefährdung minimal sein müsse, ist kaum noch vertretbar[35]. Neben die Bedrohung durch den tuberkulösen Mitmenschen infolge der gegenwärtig sehr beengten Wohnverhältnisse auf dem Lande tritt nämlich als zweite Gefährdung die Rindertuberkulose, der die Landkinder durch den Genuß nicht abgekochter Milch in besonders hohem Maße ausgesetzt sind.

Es ist eine recht wenig bekannte Tatsache, deren Erwähnung Staunen und Entrüstung hervorruft, daß etwa 60 % des westdeutschen Rinderbestandes tuberkulose-verseucht und daß 10 % der Kinder-Tuberkulose und 4 % der Erwachsenen-Tuberkulose auf bovine Infektion zurückzuführen sind[36].

Im Zusammenhang mit der Frage „Tuberkulose und Landbevölkerung" ist ferner zu berücksichtigen, daß Erkrankungen oft erst im fortgeschrittenen und kaum noch heilbaren Stadium entdeckt werden und nachdem Ansteckungen bereits stattgefunden haben. In weiträumigen und verkehrsungünstigen Landgegenden ist die vorbeugende und frühzeitige Erfassung sowie die fachärztliche Betreuung oft erschwert.

Im übrigen wird es verständlich erscheinen, daß Angehörige der Landbevölkerung von der Diagnose der Tuberkulose besonders hart getroffen werden. Wer soll für den auf lange Zeit arbeitsunfähigen Mann oder für die Bauersfrau einspringen? Die landwirtschaftliche Tätigkeit ist wegen ihrer jahreszeitlich bedingten Anforderungen an körperliche Höchstleistungen und wegen schädlicher Witterungseinflüsse bei der Arbeit im Freien für den bäuerlichen Expatienten ungeeignet. Seiner Rückkehr in den früheren Arbeitsbereich wird man deshalb vom gesundheitlichen Standpunkt nicht ohne Bedenken zustimmen, so sehr

---

[35] E. *Schröder:* Gesundheit und Gesundheitspflege der Landbevölkerung. Schriftenreihe für ländliche Sozialfragen, Hannover, H. 5, 1952, S. 58.
B. de *Rudder* und F. *Linke:* Biologie der Großstadt, Dresden—Leipzig 1940, S. 141 ff.
[36] Tuberkulose-Jahrbuch 1951/52, S. 190 ff.
Die Wirksamkeit der Milch-Pasteurisierung ist durchaus umstritten. Sie verhindert zwar das schnelle Verderben der Milch, kann aber nicht das bazillentötende Abkochen ersetzen. Aus diesem Grunde entbrannte vor einigen Jahren um die Kinderschulspeisung eine heftige Diskussion.
Frankfurter Allgemeine Zeitung vom 30. 4. 1954:
„Das Land Nordrhein-Westfalen hofft in fünf bis sechs Jahren die Milchviehbestände tuberkulosefrei gemacht zu haben. ... Gegenwärtig sind 29 % der Bestände als tuberkulosefrei anerkannt."

dies in einer auf die Familie gegründeten und an Besitz gebundenen Wirtschaftsform eine Existenzfrage sein kann, denn eine Berufsumstellung ist in solchen Fällen fast immer ausgeschlossen.

3. Die psychologische Fragestellung in der Tuberkulose

Die in den letzten Abschnitten in ihren Hauptzielpunkten angeführten Versuche, die besondere Problematik der Tuberkulose dadurch zu klären, daß die ökonomisch-sozialen Hintergründe der Kranken geprüft und verglichen wurden, lassen sich von ihrem Blickwinkel her noch auf das kausal-mechanistische Denken des 19. Jahrhunderts zurückführen. Sie fanden im ersten Drittel des 20. Jahrhunderts ihre größte praktische Auswertung.

Die Mitte unseres Jahrhunderts sieht eine andere geistesgeschichtliche Bewegung ihrem Höhepunkt entgegenstreben, deren Prinzipien in vergangenen und wohl auch noch künftigen Jahrzehnten einen neuen Zugang zu den medizinisch-anthropologischen und sozialen Fragen der Tuberkulose öffnen dürften. Die Psychologie, die Psychoanalyse und die Psychotherapie fanden in der Tuberkulose ein besonders frühes und beliebtes Zielobjekt ihrer Anstrengungen. Das psychotherapeutische Denken erhielt hier einen greifbaren Halt für seine Abwendung von der klassischen Medizin, in der naturwissenschaftliche Methoden, Spezifitätsdenken und Entwicklung der Kunstfertigkeit als Technik vorherrschten. Die Erkenntnis, daß Krankheit eine „Äußerung des Menschlichen im Menschen"[37], nicht nur eine zufällige Störung im menschlichen „Apparat" sei, hat nicht nur in Fach-, sondern auch in Laienkreisen inzwischen breiten Eingang gefunden.

Die um die Jahrhundertwende aus „einer Art Wißbegierde" entstandene Psychoanalyse[38] mußte auf heftigen Widerstand stoßen, weil sie mit ihrer methodischen und unerbittlichen Erforschung der menschlichen Seele an den geistigen, ja religiös-weltanschaulichen Fundamenten rüttelte. Als nach dem ersten Weltkrieg das Interesse für seelische Zusammenhänge erwachte, und vollends nach dem zweiten Weltkrieg, vollzog sich der Durchbruch der psychologischen Fragestellung, mit der die fest umrissenen Grenzen der Medizin aufgelockert wurden.

Leben setzt Beseelung voraus und „der Mensch kann nicht ohne ständiges Mit-im-Spiel-sein der Geistseele gedacht werden, welche sich bis in die konkrete Wirklichkeit des menschlichen Leibes fortsetzt, also auch bei Gesundheit und Krankheit"[39]. Doch eben diese Einheit von Leib, Seele, Geist liegt jenseits der Grenzen exakter Wissenschaftlich-

---

[37] Viktor v. *Weizsäcker:* Diesseits und Jenseits der Medizin, Stuttgart 1950.
[38] Heinrich *Hübschmann,* a.a.O., S. 5.
[39] Heinrich *Hübschmann,* a.a.O., S. 7.

keit. „Zwischen dem Rationalen des Physischen und dem Irrationalen des Psychischen steht eine unüberwindbare Scheidewand, an der jeder Versuch, physisches Geschehen psychologisch zu deuten, ebenso scheitern muß, wie der Versuch, psychisches Geschehen physiologisch zu erklären[40]."

Im Hinblick auf die Lungentuberkulose hatten bereits zu einer Zeit, da die wissenschaftliche psychologische Fragestellung noch nicht auf den Plan getreten war, gewisse psychische Besonderheiten der Tuberkulösen Aufmerksamkeit erregt. Die zweite Hälfte des 19. Jahrhunderts prägte nicht nur den Begriff der „beauté phthisique" mit den „passions tristes", sondern sie führte diesen gern pathetisch verklärten Typus über die Roman- und Opernliteratur auch in die populäre Vorstellungswelt der damaligen Zeit ein. Die Kameliendame von Alexander Dumas und die Mimi aus Puccinis Bohème sind repräsentative Verkörperungen jener ätherischen und unrettbar ihrem Tode entgegeneilenden Geschöpfe, die des Mitgefühls eines stark emotionellen Publikums sicher sein konnten. Die Vermutung, daß noch heute die Vorstellungen von den „Schwindsüchtigen" sich vielfach auf solche literarischen Reminiszenzen stützen, dürfte nicht ganz von der Hand zu weisen sein.

Von jenen allerersten Ansätzen an hat die Betrachtung der Verknüpfung von Psyche und Tuberkulose in Form und Inhalt einen weiten Weg zurückgelegt.

Vertreter jener Richtung innerhalb der modernen Medizin, deren Forschung nicht von der Suche nach Kausal-, sondern nach Erlebniszusammenhängen bestimmt ist, sehen heute im Seelischen weder Ursache noch Folge, sondern Motiv der Erkrankung. Nach ihrer Anschauung liegt einer tuberkulösen Resistenzminderung ein besonderes Verhalten des Organismus zugrunde, das der bakteriellen Aggression Vorschub leistet. Der Mensch „bekommt" nicht nur die im Kampf zwischen Zelle und Bakterie sich konstituierende Infektionskrankheit, er „macht" sie auch. Die Krankheit ist kein autonomer Vorgang, weil nicht „das Pilzangebot, sondern die Gewebenachfrage" den Ausschlag gibt[41].

Biographische Zusammenhänge, die Koinzidenz von lebensgeschichtlicher Krise und pathologischem Körpergeschehen ist gerade bei der Tuberkulose in neuerer Zeit wiederholt festgestellt und anerkannt worden[42]. Zumeist sind es weniger plötzliche Schicksalsschläge als chro-

---

[40] Werner *Hollmann* und Erika *Hantel:* Klinische Psychologie und soziale Therapie, Stuttgart 1948, S. 3.
[41] Heinrich *Hübschmann,* a.a.O., S. 5.
[42] Vgl. die ausführliche Schilderung eines Krankheitsfalles in H. *Hübschmann:* Soziale Krankheitsfaktoren, Beiträge zur Klinik der Tuberkulose, Bd. 111, H. 6, 1954, S. 555 ff.

nische Spannungen und latente Konflikte, die bei vielen Erkrankungen eine Rolle spielen — sei es, daß sich Probleme in der Sphäre von Beruf und Existenz oder in erotischen Beziehungen aufdecken lassen, sei es, daß der Betreffende sich moralischen Belastungen und lebenswichtigen Entscheidungen gegenübersieht, denen er sich nicht gewachsen fühlt. In solchen Fällen wird das Leiden nicht nur geduldet, es wird auch gebraucht oder gar gewollt und wird auf diese Weise zu einem „selbstbereiteten Schicksal"[43].

Ohne Zweifel mag es Situationen geben, in denen die Krankheit ein Zurückweichen vor der Realität darstellt, in denen sie unterschwellig als Rechtfertigung oder Lösung einer Krise begrüßt wird. Doch die Gefahren einer Verallgemeinerung solcher Deutungsmethoden dürfen nicht unterschätzt werden. Auch wenn man sich der Beobachtung nicht verschließen will, daß den psychologischen Faktoren eine wichtige Rolle in Manifestierung und Verlauf der Krankheit zukommt, so ist aus der Ätiologie der Tuberkulose doch kaum hinwegzudenken der Konstitutionsbegriff, der die Körperverfassung und ihre Reaktionsfähigkeit als Produkt von Erbanlage, Umwelt und besondere Disposition umschließt. Mit Hilfe der Zwillingsforschung ist eine spezifisch erbliche Tuberkulosedisposition eindeutig nachgewiesen worden, die bewirkt, daß ihr Träger eine größere Anfälligkeit gegenüber tuberkulöser Infektion besitzt und mit überdurchschnittlicher Wahrscheinlichkeit an Tuberkulose erkranken wird[44].

4. Gibt es „den" tuberkulösen Charakter?

Anhaltspunkte für die Vermutung, daß die tuberkulöse Infektion Menschen mit bestimmtem seelischen oder charakterlichen Habitus bevorzugt oder ganz bestimmte psychologische Varianten hervorbringt, sind nicht eindeutig erbracht worden. Ebsteins Arbeit[45], die die Frage nach möglichen Gesetzmäßigkeiten zwischen Tuberkulose und Persönlichkeit oder Genialität zu beantworten suchte, widerlegte die noch bis in die jüngste Vergangenheit verbreitete Annahme, daß die Tuberkulose schöpferische Kräfte entfalte, oder daß der geniale Mensch für eine tuberkulöse Erkrankung prädestiniert sei. Durch körperliches Leiden geprüfte Menschen mögen in einigen Fällen zur vita contemplativa gelangen und durch schöpferische Tätigkeit im künstlerisch-geistigen Bereich ihr neugewonnenes Selbst entfalten und sublimieren. Doch wo Genialität nicht vorhanden ist, kann auch die Krankheit sie nicht her-

---

[43] J. *Rudert,* a. a. O., S. 20.
[44] Wilhelm *Roloff:* Die Lungentuberkulose, Eine Einführung, Berlin 1948, S. 10.
[45] E. *Ebstein:* Tuberkulose als Schicksal. Sammlung pathographischer Skizzen von Calvin bis Klabund. Stuttgart 1932.

vorbringen. Das tuberkulöse „Psychom"[46], eine geistig-seelische Besonderheit, die mit gewisser Regelmäßigkeit in einer Krankheit auftritt und die Form einer übersteigerten Reagibilität, einer psychischen Unruhe und übergroßen Wachheit verknüpft mit vitaler Intensität annimmt, hat die Tuberkulösen unbegründet in den Ruf besonders hervorragender Intelligenz gebracht.

Es gibt kein „Dogma tuberkulöser Seelen- oder Persönlichkeitsstruktur"[47]. Entgegen einem verbreiteten summarischen Urteil ist der Tuberkulöse kein einheitlicher Typus, selbst wenn vorhandene Anlagen durch die Erkrankung verstärkt oder überhaupt erst sichtbar werden. Wie man bei Gesunden von Menschen verschiedenen „Schlages" spricht, wird man auch die Gesamtreaktion auf ein sich jahrelang hinziehendes Leiden von der Zugehörigkeit zu diesem oder jenem Schlag, von Erziehung, geistiger Struktur, Reife und Zielsetzung nicht lösen können. So sehr die Tuberkulose schicksalhaft ist, der Kern der Persönlichkeit, der „Charakter als bewußte und selbstverantwortliche Lebensführung"[48], wie er vor Beginn des Leidens war, ist nur schwer zu beeinflussen. „Jeder bringt in seiner Persönlichkeit, aus seiner Lebensgeschichte die gestaltenden Momente in die Erkrankung mit"[49], und letztlich ist „die Person ... das einheitsstiftende Moment" im individuellen Lebensablauf[50]. Wenn ein Mensch sein Leben nicht zu führen vermag, wird der Tuberkulöse ebenso wie der Gesunde leicht zum Spielball der Kräfte in und außer ihm, ohne ihnen eine eigene Richtung entgegensetzen zu können. Charakter und Schicksal treten dann als einander nicht ebenbürtige Mächte gegenüber, weil „auf der Seite des Charakters die Kraft der Führung und Kontrolle des Lebens fehlt"[51].

5. Die Sexualität des Tuberkulösen

In den Umkreis der irreführenden Verallgemeinerungen und Vorstellungen der Öffentlichkeit von den Tuberkulösen gehört auch die angeblich gesteigerte Sexualität. Es ist verhältnismäßig leicht, den Wegen nachzuspüren, die zu dem Stereotyp überbetonter Geschlechtlichkeit als unweigerlicher Begleiterscheinung speziell dieser Krankheit führten. Sie wird freilich tatsächlich erheblich gefördert durch die in vielen Heilstätten übliche Trennung und Abschließung nach Ge-

---

[46] Willy *Hellpach*, zit. W. Hollmann: Psychologische Probleme der Tuberkulose, Tuberkulose-Arzt 6. Jg., H. 6, Juni 1952, S. 323 f.

[47] O. *Schedtler*: Über den Seelenzustand der Tuberkulösen; Medizinische Klinik 35. Jg., Nr. 4, Jan. 1939.

[48] J. *Rudert*, a. a. O., S. 29.

[49] R. *Siebeck*, H. *Schultz-Henke*, V. v. *Weizsäcker*: Über seelische Krankheitsentstehung, drei Vorträge, Leipzig 1939, S. 20.

[50] J. *Rudert*, a.a.O., S. 26.

[51] J. *Rudert*, S. 20.

schlechtern. Die gute Ernährung, die körperliche und geistige Untätigkeit, wie auch das Fehlen jeglicher Ablenkung rücken, besonders bei den Männern, die Rolle des Geschlechtlichen stärker in den Vordergrund, als es in ihrem normalen Lebenskreis der Fall wäre. Dem ein- und abgeschlossenen Tuberkulösen geht es ähnlich wie dem kasernierten Soldaten, und es ist erklärlich, wenn in den abgeschlossenen Heilstätten „wahre Meisterstücke des Ein- und Aussteigens"[52] vollbracht werden. In der Einbildungskraft unbeschäftigter und leicht erregbarer Patienten nehmen die Beziehungen zum anderen Geschlecht eine in ihren Maßstäben verzerrte Bedeutung an, die nicht zuletzt in der Verbreitung sexueller und pornographischer Lektüre ihren Ausdruck findet.

Neben der räumlichen Abgeschlossenheit des Tuberkulösen schafft die unsichtbare soziale und psychologische Scheidewand zwischen den Kranken und ihrer gesunden Umwelt eine Situation, aus der sich die Sexualität als einer von vielen Auswegen anbietet. Durch Erfolge beim anderen Geschlecht soll das verletzte Selbstgefühl und eine vermeintliche Geringerwertigkeit in den Augen der Gesunden hinweggewiesen werden. Es ist vielfach die beim Tuberkulösen häufig sich bemerkbar machende Gefühlsbetontheit und das mitmenschliche Nähebedürfnis, die in den Liebesbeziehungen des seelisch Vereinsamten den Partner besonders begehrenswert erscheinen lassen.

6. Erlebnis der Diagnose und Rolle des Heilstättenaufenthaltes

Wir sahen, wie die Tuberkulose als schicksalhafter Prüfstein den individuellen menschlichen Charakter in seinen Stärken und Schwächen bloßlegt. Die Bildung einer bestimmten Seelenlage und Charakterhaltung durch die Krankheit selbst schien uns jedoch eher eine Täuschung in den Augen der gesunden Mitmenschen zu sein. Allerdings wurde gerade bei der Betrachtung des letzten Punktes, der Sexualität der Tuberkulösen, wieder deutlich, wie scharf es zu unterscheiden gilt zwischen krankhaften physisch bedingten psychischen Wandlungen und psychischen Veränderungen des Kranken infolge der äußeren, sozialen Begleitumstände der Krankheit und der jedem Menschen eigenen psychischen Struktur.

Berücksichtigt man die Begleitumstände der Krankheit, so sind es vor allem zwei Phasen, deren Einflußnahme auf das Leben des Tuberkulösen offensichtlich ist, und die besonders untersucht zu werden verdienen: das einschneidende Erlebnis der ärztlichen Diagnose, das oft

---

[52] W. *Werrolt:* Die seelische Haltung des Lungentuberkulösen in der Heilstätte. Tuberkulose-Arzt, 4. Jg., H. 11, November 1950.
H. *Westermann:* Die Sexualität des Tuberkulösen, Stuttgart 1950.

eine schockartige Wirkung ausübt, und das in seiner Dauerwirkung vielleicht ebenso tiefgreifende Erlebnis des Heilstättenaufenthaltes.

Der gesunde Mensch unseres Kulturkreises hat den Drang, sich zu betätigen, zu arbeiten und zu schaffen. Er setzt sich Ziele, denen er nachstrebt, die er verwirklichen will. Er ist in einen Pflichtenkreis eingespannt und auf die Erfüllung seiner Aufgaben, auf Arbeit und Sorge für die Familie bedacht. Dieses Streben wird durch die Mitteilung, an Tuberkulose erkrankt zu sein, jäh abgebrochen. Das Bewußtsein, krank zu sein, bedeutet eine radikale Umwertung für den Betroffenen. Auf allen Lebensgebieten muß er die ihm vertrauten Bindungen lösen. „Für die Familie bisher Ernährer oder Hoffnung, heute Last und Gefahr; für die soziale Umwelt bisher gleichberechtigtes Subjekt, heute Objekt fürsorglichen Mitleids, behördlicher Maßnahmen, im Wirtschafts- und Erwerbsleben bisher Mitkämpfer und Kamerad, jetzt Kampfunfähiger"[53], wird der Patient abrupt auf sich und seine Krankheit zurückgeworfen. Es wird ihm ein Strich durch seine Lebensrechnung gemacht und noch lange Zeit wird der Schicksalsschlag sein gesamtes Denken, Fühlen und Wollen beherrschen.

Die mit der Feststellung der Krankheit verbundene gewaltsame Beeindruckung kann man sich kaum nachhaltig, aber auch nicht individuell vielfältig genug vorstellen. So schreibt Wilhelm Wundt von der „tiefgreifenden Wirkung, die der Zusammenbruch auf mein ganzes Leben gehabt hat ... Es waren die ersten Stunden und Tage, von denen ich sagen darf, daß sie eine völlige Umkehrung meiner Lebensanschauung hervorgebracht haben. Die Ärzte hatten mich aufgegeben ... Niemals wieder in meinem Leben habe ich später den Eindruck einer so vollkommenen Ruhe empfunden wie in diesen Stunden. Das Gefühl, abgeschlossen zu haben mit allem Streben und Wollen, mit allem, was das Gemüt beunruhigen kann, dieses Gefühl, das Leben vollendet zu haben, ist vielleicht dem anderen des reinsten, vollkommensten Lebensgenusses am nächsten verwandt[54]."

Christian Morgenstern schildert das gleiche Erlebnis folgendermaßen: „Es ist bitter, sich sagen zu müssen, daß man zwischen 35 und 45 zu erledigen hat, was man zwischen 45 und 60 hätte erledigen sollen ... Es kamen nun Jahre des Austragens, des Ausreifens, Zu-Ende-Denkens ...Ich war doppelt geworden und in der wunderlichen Verfassung, mich sozusagen groß oder klein schreiben zu können[55]."

Die neue Situation des Tuberkulösen erhält ein besonderes Gepräge, wenn er in die Heilstätte übersiedelt, die monate- oder jahrelang sein

---

[53] Fritz *Brecke:* Referat, Arbeitstagung „Tu Dein Bestes", 11. 10. 1952, Heidelberg (Tagungsbericht). „Tu Dein Bestes", Jg. 2. Sept. 1953, Nr. 3/4, S. 5—7.
[54] Ebstein, a.a.O., S. 136 f.
[55] *Ebstein,* S. 151.

unfreiwilliger Aufenthalt wird. Dort befindet er sich in einer einzigartigen und unwirklichen Umgebung, die weder an seine häuslich-familiäre, noch an seine berufliche Sphäre anklingt. Auf dieser Art „Insel oder Zwischenreich"[56], einem „dritten Ort von eigentümlicher Neutralität", ist der Egoismus erlaubt und wird „die Passivität als Tugend gepflegt"[57].

Die eine, allen Insassen gemeinsame Krankheit, die ungeklärte Zukunft, dazu der einheitliche, stets gleichbleibende Tagesrhythmus und das Sich-fügen-müssen in eine alle Einzelheiten regelnde Hausordnung machen das Sanatorium zu einem „quasi-autonomen Kosmos"[58]. Das Aufeinander-angewiesen-sein in der Abgeschiedenheit wird teils als Verbundenheit, teils als unliebsame „Überintegration" und Freiheitsberaubung empfunden. Zuweilen kommt es dann zu jener Art von Stacheldrahterscheinungen, die auch von anderen im Zeichen der Unfreiwilligkeit stehenden Daseinsgemeinschaften bekannt sind.

Dem Dasein zwischen Bett, Liegestuhl und Speisesaal fehlen Eindrücke und Ablenkungen einer normalen Umwelt. Der Patient, der weder durch Schmerzen noch durch hohe Temperaturen einer starken und dauernden körperlichen Beanspruchung unterliegt, verliert sich in Grübeln und Bohren, in die quälende Beschäftigung mit sich und seinem Zustand. Je nach Anlage und Temperament führt die unumgängliche institutionelle Bevormundung und Beaufsichtigung zu Überdruß und empfindlicher Gereiztheit, zu Widerspruchsgeist und Querulantentum. Andere Naturen wiederum empfinden den neuen Zwang als wohltuend. Die Heilstätte wird für sie zur „warmen Pflegestätte der Seele"[59], zum willkommenen Refugium, das ihnen, nunmehr entrückt aller Regsamkeit und aller Verantwortung des täglichen Lebens, ein beruhigendes und wohliges Gefühl äußerer Beständigkeit und Umsorgtheit gewährt. Man ist ohne eigene Verantwortung, genießt das Nichtstun und das Verwöhntwerden und versinkt vielleicht in autistische Weltabgeschiedenheit.

7. Der Zauberberg und seine Bewohner

Bei Menschen ohne inneren Halt kann so die Zauberbergkrankheit entstehen, „jene seelische Komponente, die ... durch die Sanatoriumsatmosphäre zu üppiger Fülle entfaltet, ... zu einer immer unübersteiglicheren Barrikade der Genesung wird. Die systematische Lähmung des anti-tuberkulösen Gesundheitswillens durch das Kurmilieu, die syste-

---

[56] H. *Hübschmann*, a.a.O., S. 108.
[57] Bernhard *Ammelounx*: Tuberkulose und Seelenleben, ein autopathographischer Beitrag, med. Diss. Düsseldorf 1946.
[58] H. *Hübschmann*, a.a.O., S. 208.
[59] *Hollmann* und *Hantel*, a.a.O., S. 9.

matische Züchtung der tuberkulösen Krankheitsindolenz"[60] sind von Thomas Mann ebenso eindrucksvoll wie eigenwillig und heftig umstritten dargestellt worden. Der Held dieses „pessimistisch-krassen"[61] Romans, Hans Castorp, durchläuft einen „korrigierenden Prozeß fortschreitender Desillusionierung"[62] über Krankheit und Tod. „Körperlich auf Bergeshöhen wandelnd, geistig in die Niederungen des Lebens hinabgleitend", gelingt es weder ihm noch seinen Mitpatienten, der „seelischen Vergiftung durch die überwertig gewordene Idee körperlichen Siechtums"[63] zu entrinnen. Abstoßendes, ja Ekelerregendes der Krankheit, Lebensverneinung und Lebensgier, Überempfindlichkeit der Zarten, Rücksichtslosigkeit und Zynismus der Rohen, Fatalismus und moralischer Bankrott „intellektueller Schrullen"[64] sind in diesem „ohne ethisches Pathos breit ausgemalten Inferno"[65] eng vereint.

Über allen aber lastet die „zeitlos einspinnende Eintönigkeit des Sanatoriumslebens"[66]. „Ja, die Zeit, man ändert seine Begriffe; sie vergeht überhaupt nicht, will ich dir sagen — es ist gar keine Zeit und es ist auch kein Leben"[67] wird dem unbefangenen Besucher aus dem „Flachland" klarzumachen versucht. Wenn „hier oben" die kleinste Einheit der Monat ist, geht jegliches Verständnis für Zeitereignisse und Zeitmaßstäbe verloren. Und auch nach der Rückkehr in das Flachland einige Jahre später gelingt es nur mühsam, den Faktor Zeit wieder in die rechten Proportionen zu rücken. Die außerhalb der Mauern der Heilstätte liegende Welt spielt eine merkwürdige Rolle: sie ist Sehnsucht und Traum, Schrecken und Abscheu in einem, ersehnt und gefürchtet zugleich. Wer in sie zurückstrebt, wie Joachim Ziemßen, scheitert an eben diesem Streben.

Mit der Thematik und Problematik dieses „europäischen Buches ideeller Absage" wäre fünfzehn Jahre zuvor „noch kein Hund hinter dem Ofen zu locken gewesen". Thomas Mann hält die „künstlerische Kritik, die (er), unter der Hand, an einer realen gesellschaftlichen Erscheinung übt, für wahr, berechtigt, ja verdienstlich", weil sie sittliche Gefahren aufzeigt, und weil die „Medizin als Spielart humanistischer

---

[60] Willy *Hellpach*, zit. Wilh. *Roloff:* Tuberkulose-Lexikon, 2. Aufl., Stuttgart 1949, S. 267.
[61] *Prüssian:* Der Zauberberg, Münchner Med. Woschr., 72. Jg. Nr. 17, April 1925, S. 696.
[62] Thomas *Mann:* Vom Geist der Medizin, Offener Brief an den Hrsgb., Deutsche Med. Woschr., 51. Jg. Nr. 29, Juli 1925, S. 1205.
[63] H. *Ulrici:* Thomas Manns Zauberberg, Klin. Woschr., 4. Jg. Nr. 32, August 1925, S. 1575.
[64] Henry E. *Sigerist*, a.a.O., S. 200.
[65] *Prüssian*, a.a.O.
[66] *Ulrici*, a.a.O.
[67] Thomas *Mann:* Der Zauberberg, 35.—50. Aufl., Berlin 1925, S. 18.

Wissenschaft" den Helden zum Vorgefühl einer neuen Humanität gelangen läßt. Das Sozialkritische unterläuft nur „akzidentiell", denn es „gehört nicht zu meinen Passionen, und also auch nicht zu meinen Stärken". „Sein (des Buches) Dienst ist Lebensdienst, sein Wille Gesundheit, sein Ziel die Zukunft[68]."

Demjenigen, der mit der Atmosphäre in den meisten unserer Nachkriegsheilstätten vertraut ist, wird es schwer fallen, in diesem Luxus-Sanatorium der wohlhabenden Welt Europas vor dem ersten Weltkrieg noch irgendwie den Rahmen zu einer Norm für Umstände und Verhalten zu finden. „Wo äußerste Eleganz äußerstes Elend vergeblich zu verdecken sucht, wo sich die große Welt klein gebärdet"[69], gehören die Zauberbergbewohner einer Schicht an, für die Beruf und alles, was damit zusammenhängt, eine untergeordnete, nebensächliche Bedeutung hat.

In der Zauberbergheilstätte haben Patiententypen der „Volksheilstätten" naturgemäß keinen Platz. Es fehlen jene Flüchtlinge, die, klinisch geheilt und nicht mehr unbedingt kurbedürftig, einen großen Prozentsatz — 50 % — der Patienten eines südwestdeutschen Sanatoriums stellen[70]. Da die meisten von ihnen noch keine neue Heimat gefunden, keine familiären oder beruflichen Bindungen mehr haben, ständen sie vor dem Nichts, wenn man sie entlassen würde, und eine Reaktivierung ihrer Krankheit wäre die unausbleibliche Folge.

Es fehlen ferner jene Menschentypen, die, sei es bewußt oder unbewußt, ihr Leiden und dessen Symptome als Sicherung gegen die Anforderungen des Lebens ausbauen. Vielleicht glauben sie als Gast der Allgemeinheit deren Interesse an ihrer Wiederherstellung zu spüren. Da die Gesellschaft mit ihrer Bereitschaft zu materieller und institutioneller Hilfeleistung Sicherheit bietet, erscheint ihnen ihre Krankheit zugleich als eine Rechtsquelle für die Inanspruchnahme dieser Leistungen. Das Gefühl eines Zustandes, der nicht sein sollte, nämlich die Krankheit, ist „überkrustet" mit der Einstellung: ich habe etwas, was mein Recht ist[71]. Wenn gar der Lebensstandard in der Heilstätte über dem Zuschnitt des häuslichen Milieus des Patienten liegt, mag ein gewisser Typ darin Grund sehen, seine Wiederherstellung und den Zeitpunkt seiner Entlassung hinauszuschieben. Warum soll er sein

---

[68] Thomas *Mann:* Vom Geist der Medizin, a.a.O.
[69] *Ulrici,* a.a.O.
[70] W. *Wagner* und D. *Schlepckow:* 14jährige Erfahrungen mit Tuberkulösen im Rahmen einer Arbeitsheilstätte, Beitr. z. Klin. der Tuberkulose, Bd. 108, 1952.
[71] Viktor von *Weizsäcker:* Soziale Krankheit und Soziale Gesundung, Göttingen 1955, S. 11.

„Krankheitskapital", wenn es ihm einigermaßen ein Auskommen sichert, veräußern[72], zumal dem Tuberkulösen stattdessen keine andere Existenzmöglichkeit geboten werden kann, kein ihm angemessener Berufs- oder Arbeitsplatz, mit dessen Hilfe er sein Leben in der Gesellschaft sinnvoll gestalten könnte? Zu den ökonomischen Gegebenheiten gesellt sich der in den psychologischen Bereich hineinspielende Umstand, daß die Gesellschaft schon beim Hören des Wortes Tuberkulose den von ihr Betroffenen abzuschieben versucht. Alle diese im Verborgenen liegenden Gründe tragen dazu bei, in dem Patienten ein Verhalten nie abreißender Fürsorgeansprüche an Staat und Gesellschaft zu erzeugen.

Nun sind die eben geschilderten Tendenzen, die sich von ihrem gemeinsamen Ausgangspunkt, dem Heilstättenmilieu, herleiten lassen, höchst verschiedenartig und verschiedenwertig. Keineswegs soll behauptet werden, daß der aus der Kur entlassene Rekonvaleszent von ganz bestimmter Prägung sein muß. Ebensowenig wie es einen spezifischen Persönlichkeitstypus gibt, der das psychische Terrain schafft, auf dem die Tuberkulose entstehen und sich entwickeln kann, gibt es umgekehrt spezifische Veränderungen, die als unausbleibliche Folge von Krankheit und Behandlung auftreten. Der Verlust normaler Einsichten, Hypochondrie und Rentenbegehren sind nur einige unter mehreren Möglichkeiten umweltbedingter Entwicklungstendenzen. Nicht selten mischen sich verschiedene, oft entgegengesetzte in ein und derselben Persönlichkeit. Sie wurden angeführt, um auch für jenen Typ des Tuberkulösen Verständnis zu wecken, der mit gesunder Lunge, aber „angekränkelter" Seele aus der Behandlung entlassen wird. Es ist einleuchtend, daß seine Wiederanpassung an das normale Leben besonderen Schwierigkeiten begegnet, die ohne Hilfestellung von außen nur schwer zu überwinden sind.

III. Die Tuberkulose in ihren sozialen Verknüpfungen

Wir haben von verschiedenen Blickwinkeln her gesehen, wie die Wechselbeziehungen zwischen Krankheit, Patient und Umwelt bei der Tuberkulose von schicksalhaftem Einfluß sind. Um zusammenzufassen, unter welchen Voraussetzungen die Tuberkulose eine „soziale" Krankheit genannt werden kann, und zugleich auf den Brennpunkt des Anliegens dieser Arbeit hinzuweisen, sollen vier Kategorien möglicher Verknüpfungen genannt werden.

1. Der Pauperismus wird zum Kriterium erhoben. Die Krankheit kommt nur bei den sozial Schlechtweggekommenen, den Minderbemittelten vor, weil diese infolge unhygienischer und unzweckmäßiger

---

[72] H. *Hübschmann*, a.a.O., S. 273 f.

Lebensweise besonders anfällig sind. Sie fördern damit die Verbreitung der Tuberkulose. Bei dieser Betrachtungsweise liegt das Hauptgewicht auf der materiell-ökonomischen Deutung der Krankheitsursachen (vgl. S. 21).

2. Verlauf und Ausgang der Krankheit wirken auf die sozialen Verhältnisse der davon Betroffenen zurück, weil Teilarbeitsfähigkeit und Erwerbsminderung, Verdienstausfall oder unzulängliche Renten eine Senkung des ursprünglich auskömmlichen Lebensstandards herbeiführen können. „Minderbemittelte" werden von den Krankheitsfolgen schwerer betroffen als „Vermögende".

3. Die mit der Krankheit verknüpfte Ansteckungsgefahr veranlaßt die Gesellschaft zu einem bestimmten Verhalten oder Handeln, sei es fürsorgerischer, sozialpolitischer Art oder im Sinne der Diskriminierung. Dies kann wiederum bei den von der Krankheit Heimgesuchten ein bestimmtes Handeln oder Verhalten auslösen, das in Gruppenbildung und Interessenverbänden oder in Selbsthilfemaßnahmen seinen Niederschlag findet.

4. Die Krankheit ist ein soziales Problem, ein „gesellschaftliches Ereignis", weil ihre vollkommene und endgültige Überwindung nur dann erzielt werden kann, wenn die medizinische Therapie durch soziale Maßnahmen ergänzt wird. Diese setzen das Verständnis der breiten Öffentlichkeit und die Mitwirkung aller beteiligten Kreise auf privater, kommunaler und staatlicher Ebene voraus. In dieser Perspektive ist die Wiedereingliederung genesener Tuberkulöser in einer für Individuum und Allgemeinheit nützlichen Form von gesellschaftlicher Relevanz.

Alle vier Verknüpfungen greifen in Ursachen und Wirkungen eng ineinander. In den folgenden Abschnitten wird diese Arbeit darzulegen versuchen, in wie hohem Maße die Befähigung des tuberkulösen Expatienten, im Erwerbsleben einen Platz auszufüllen, von einem ihm gemäßen vitalen und sozialen Eingebettetsein mitbestimmt wird.

Um die Bedingungen zu würdigen, unter denen sich seine Rückkehr in die Gemeinschaft der Gesunden und seine Auseinandersetzung mit der normalen Alltags- und Arbeitswelt vollzieht, müssen wir uns zunächst die Situation vor Augen führen, der sich der klinisch geheilte Tuberkulöse unmittelbar nach Abschluß der Behandlung gegenübersieht.

Arbeit und Erwerbsleben im Mittelpunkt der Rehabilitation

Wie im Zusammenhang mit der Abgrenzung der als Teilerfolgsfälle bezeichneten Patientengruppe dargetan wurde, ist ihre Heilung nur eine „Heilung auf Widerruf", „ein Waffenstillstand". Noch für eine lange Übergangszeit haftet den Expatienten eine individuell unterschiedliche Labilität an und ihre physische Kräfte können sich noch keineswegs mit denen eines gesunden Menschen messen.

Während die Zeit der stationären Behandlung äußerlich gesehen durch eine gewisse Sicherheit gekennzeichnet war, stürmen auf den entlassenen Patienten vielfältige Existenzfragen ein. Unterhalt, Wohnung, zwischenmenschliche Beziehungen in Familie, Beruf und Gesellschaft verlangen von ihm unverzügliche Stellungnahme und entschlossenes Handeln. Allen derartigen Anforderungen aber ist der Entwöhnte hilflos ausgeliefert, weil der Wechsel von idealer Behütung zu extremer Selbstverantwortlichkeit zu unvermittelt eintritt. Das Gros der klinisch geheilten Patienten, das sich in einer unausgeglichenen Situation zwischen Hoffnungen und Angst, zwischen Leistungsfähigkeit und Leistungsanforderungen befindet, sieht sich einem Vakuum gegenüber.

Der von der Psychotherapie aus dem Englischen übernommene Begriff „stress" drückt prägnant aus, was als vielschichtiger Belastungsdruck von außen und von innen her auf das Individuum einwirkt. Die beiden Pole dieses Druckes: der exogene zivilisatorische Zwang und der innere Zwang zu verantwortlicher Lebensgestaltung müssen in gleicher Weise vom einzelnen bewältigt werden, will er sich in der Auseinandersetzung mit der Welt behaupten[73]. Ihre Bewältigung ist indessen dem Tuberkulösen noch in mehrfacher Hinsicht erschwert.

Dies gilt in erhöhtem Maße von seinem Wiedereintritt in das Erwerbsleben, das sich ihm als eine Art circulus vitiosus präsentiert. Er muß arbeiten, um leben zu können, während andererseits die übliche Arbeitsbelastung mehr bedeutet als seiner wiedererlangten Gesundheit zugemutet werden darf. Nur auf sich selbst gestellt, befindet er sich in einem Dilemma: nimmt er Rücksicht auf seinen Gesundheitszustand und findet eine Arbeit, bei der er sich schonen kann, so ist sein Einkommen in der Regel zu gering, um einen ärztlich empfohlenen Lebensstandard zu ermöglichen und für seine Familie zu sorgen; unzulängliche Ernährungsverhältnisse und Sorgen werden ihn dann leicht der Rückfallgefahr aussetzen. Nimmt er dagegen jede Arbeit an, um einen gesundheitlich angemessenen Lebensstandard aufrechtzuerhalten oder wirtschaftlich wieder Fuß zu fassen, so bedroht ihn die Arbeitsüberlastung mit Rückfällen. Findet er gar keine Arbeit, so ist er wiederum Notständen ausgesetzt, denen die labile Gesundheit nicht gewachsen ist. Vor allem aber muß seine Beschäftigungslosigkeit auf die Dauer für ihn unbefriedigend sein und sich psychologisch ungünstig auswirken.

---

[73] Vgl. Alexander *Mitscherlich:* Psychosomatische Krankheitsentstehung. „Psyche", 7. Jg. H. 10, 1954, S. 563.

Da Arbeit und Erwerbsmöglichkeit den gesamten Lebenszuschnitt des tuberkuölsen Expatienten und die endgültige Überwindung seiner Krankheit weitgehend beeinflussen, ist die Beschaffung geeigneter Arbeit in einer produktiven und gesellschaftlich nützlichen Form für ihn von so außerordentlicher Bedeutung. Ja, man darf wohl sagen, daß Arbeits- und Erwerbsleben den Kern der Wiedereingliederung ausmachen. Der beschränkten Arbeitsfähigkeit müssen praktische Anwendungsmöglichkeiten geboten werden. Die erfolgreiche Lösung dieser Aufgabe wird auch dem Expatienten die Selbsthilfe ermöglichen und ihm ein neues Zielbewußtsein verleihen.

Die Dringlichkeit der Rehabilitation speziell im Hinblick auf das Erwerbsleben wird weiterhin unterstrichen durch die Tatsache, daß krankheitsspezifisch der Schwerpunkt der von der Tuberkulose betroffenen Altersgruppen überwiegend bei den Jahrgängen liegt, die sich normalerweise auf dem Höhepunkt ihrer Schaffenskraft befinden[74]. Viele von ihnen haben nicht nur für sich selbst zu sorgen, sondern sind als Familienväter für den Unterhalt mehrerer Personen verantwortlich. Über den Kreis der Expatienten selbst hinaus sind also auch die Angehörigen von den Auswirkungen seines Arbeitsschicksals unmittelbar betroffen.

---

[74] Das mittlere Erkrankungsalter bei geschlossener Tuberkulose liegt für Männer bei 27 Jahren, für Frauen bei 24 Jahren; das Durchschnittsalter bei offener Tuberkulose beträgt für Männer 42 Jahre, für Frauen 38 Jahre. — Tuberkulose-Jahrbuch 1951/52, S. 70.
Folgende Statistiken geben ebenfalls Aufschluß über die Altersstruktur Tuberkulöser:
a) Altersaufbau von 661 im Laufe von 14 Jahren aus einer Arbeitsheilstätte entlassenen Patienten (387 Männer und 274 Frauen) —

16—20 Jahre	7,5 %	36—45 Jahre	19,5 %
20—25 Jahre	24,5 %	46—60 Jahre	11,0 %
26—35 Jahre	37,0 %	über 60 Jahre	0,5 %

(*Wagner* und *Schlepckow*, a.a.O., S. 259 ff.).

b) Altersaufbau von 138 Patienten mit Lungen- und extrapulmonaler Tuberkulose in einer Schweizer Arbeitsheilstätte im Jahre 1952 —

	männl.	weibl.	zusammen
16—20 Jahre	1	2	3
21—30 Jahre	14	14	28
31—40 Jahre	18	14	32
41—50 Jahre	11	15	26
51—60 Jahre	30	4	34
61—70 Jahre	15	—	15

(Jahresbericht der Kantonalen Liga und der Arbeitsheilstätte Appisberg, Schweiz, 1952, S. 34).

c) Altersaufbau der 361 im Laufe eines Jahres (1940/41) aus einer Heilstätte entlassenen männlichen Patienten:

15—20 Jahre	45	41—50 Jahre 82
21—30 Jahre	83	51—60 Jahre 38
31—40 Jahre	111	über 60 Jahre 2

(Lilly *Zarncke*, a.a.O., S. 13.)

B. Die Realität

Interviews mit 26 tuberkulösen Expatienten

Nachdem auf die verschiedenen Faktoren hingewiesen wurde, die bei der Betrachtung der Tuberkulose und der Tuberkulose-Bekämpfung berücksichtigt zu werden pflegen, hat der letzte Abschnitt unsere Aufmerksamkeit auf die zentrale Bedeutung des Arbeitsschicksals Tuberkulöser im Rahmen der Rehabilitation gelenkt. Es drängt sich damit der Wunsch auf, an Hand einer Reihe von Einzelfällen Näheres über die Probleme tuberkulöser Expatienten bei ihrem Wiedereintritt in das Erwerbsleben zu erfahren. Diese aufzuweisen, hat sich die folgende Untersuchung zur Aufgabe gestellt.

Die Untersuchung hat weder den Charakter einer umfassenden Erhebung, noch beansprucht sie, ein statistisch repräsentatives Modell vorzulegen. Ihre Befunde sollen keineswegs zu Formeln kontrahiert werden. Vielmehr sollen sie einen Anknüpfungspunkt für sachliche Überlegungen und Erörterungen zum Thema der Rehabilitation Tuberkulöser bieten. Ja, der Zweck dieser Arbeit dürfte schon dann erfüllt sein, wenn es gelungen ist, abseits und jenseits von aller Theorie die typischen Schwierigkeiten, denen der Expatient immer wieder begegnet, herauszukristallisieren, um auf diese Weise einen brauchbaren Beitrag zu leisten zur Vervollkommnung und Ausgestaltung der Bestrebungen um eine sachlich-praktische Lösung.

Zur Methode der Interviews

Die vorliegende Untersuchung erstreckt sich auf 26 klinisch geheilte Tuberkulöse, die dem Krankengut einer Heidelberger Facharztpraxis angehören. Die Auswahl beschränkt sich auf die im einleitenden Teil näher gekennzeichnete Mittelgruppe von Patienten (S. 15 f.), die, teilweise gebessert und teilweise erwerbsfähig, einer zumindest noch zeitweiligen Hilfestellung bei ihrer Wiedereingliederung bedürfen. Außerdem wurde ein gewisser repräsentativer Querschnitt angestrebt, um auch nach Alter, Geschlecht und Berufszugehörigkeit die Vielschichtigkeit der Rehabilitationsaufgaben darzulegen.

Daß damit unwillkürlich, und unter den Umständen unumgänglich, eine „wertende" Auswahl der interviewten Patienten erfolgte, ist offensichtlich. Allein die Tatsache, daß es sich ausschließlich um Personen aus dem Stadt- und Landkreis Heidelberg handelt, ist ein in wirtschaftlicher Hinsicht einschränkendes Kriterium; denn die allgemeine Arbeitsmarktlage dieser Gegend, die infolge einer gegebenen Wirtschaftsstruktur ohne nennenswerte Industrie wahrscheinlich kaum als Durchschnitt angesehen werden kann, birgt für den Leistungsschwachen und Teilarbeitsfähigen besondere Probleme. Auch hinsichtlich der Wahl des Arztes, die vom Patienten getroffen wird, mögen individuelle, subjektive Imponderabilien mitsprechen, auf die hier einzugehen den Rahmen der Arbeit sprengen würde.

Indessen war es nur in dieser personalen, lokalen und zahlenmäßigen Beschränkung möglich, zuverlässige, den Einzelfall sorgsam erkundende Unterlagen von „sprechender" Anschaulichkeit zu erlangen, die die angedeutete Problematik aufzuweisen vermögen. Damit distanziert sich diese Arbeit bewußt von umfassenden und langfristigen Untersuchungen großen Stils, die oft nur mit Hilfe eines umfangreichen Mitarbeiterstabes, schematisierter Fragebogen, behördlichen Informationen und Aktenmaterial durchführbar sind[1].

Es drängt sich also die Frage auf, ob die folgenden Ermittlungen Rückschlüsse auf die Lage tuberkulöser Expatienten im allgemeinen zulassen. Lassen sich bei einem so begrenzten Material überhaupt typische Schicksale aufzeigen? Diese Frage wird unter der Voraussetzung genügend sorgfältiger und kritischer Auswertung bejaht werden dürfen. Das entstandene Bild nämlich — zweifellos nur eine winzige Ausschnittdarstellung aus der sozialen Gesamtwirklichkeit — ist doch repräsentativ und beweiskräftig genug, um erkennbar zu machen, wie weit die im Einzelfall aufgefundenen Problemstellungen verallgemeinert werden dürfen. Leopold von Wiese hat mit treffenden Worten darauf hingewiesen, daß vom Einzelproblem her sich das Gesamtproblem besser fassen läßt, als er sagte: „der undogmatischen Erfassung sozialen Lebens entspricht eine Schauweise, bei der die unmittelbare Beobachtung des gelebten Daseins obenan steht und ihre Ergebnisse sind eine Hauptquelle der Erkenntnis[2]."

---

[1] Damit sollen Wert und Nutzen neuerer, höchst bedeutsamer soziologischer Untersuchungen keineswegs in Frage gestellt werden, denen diese Arbeit hinsichtlich der Ergebnisse und der Methode wichtige Anregungen verdankt. — Für Helmut *Schelsky:* Wandlungen der deutschen Familie in der Gegenwart (Dortmund 1953) haben 120 Studenten in langfristigen intimen Beobachtungen 167 Familienmonographien zusammengestellt. — Das von 20 Studenten bearbeitete Aktenmaterial von rund 8000 Sozialleistungsempfängern bildet die Grundlage für Gerhard *Mackenroth:* Die Verflechtung der Sozialleistungen, Ergebnisse einer Stichprobe, Schriften des Vereins für Sozialpolitik (Berlin 1954). — Die ausführlichen Darstellungen in Hilde *Thurnwald:* Gegenwartsprobleme Berliner Familien, eine soziologische Untersuchung an 498 Familien (Berlin 1948) wurden durch die Mitwirkung von 35 Fürsorgern ermöglicht.

[2] Leopold von *Wiese,* Hrsgb.: Abhängigkeit und Selbständigkeit im sozialen Leben. Köln-Opladen 1951, S. 8.

Das Interview bildete die empirische Methode. Es ist „als Hilfsmittel der Untersuchung für den Soziologen ebenso unentbehrlich wie das Reagenzglas für den Chemiker oder das Mikroskop für den Bakteriologen"[3]. Für die Durchführung der Interviews selbst wurden wertvolle Anregungen der amerikanischen casework-Methode[4] und der amerikanischen Interview-Technik entnommen[5].

Da die Herstellung eines möglichst zwanglosen Kontakts zwischen den Interview-Partnern angestrebt wurde, um im Sinne Max Webers die „deutende Erfassung des Verstehens" zu ermöglichen, wurde auf ein vorgefaßtes starres Ausfrageschema verzichtet. Stattdessen bot ein aufgelockerter Fragerahmen dem Gesprächspartner auch zu spontanen Äußerungen reichlich Gelegenheit, ohne den Charakter einer gezielten Unterhaltung deshalb zu durchbrechen. Aus den gleichen Erwägungen heraus und um etwaige subjektive Hemmungen und Bedenken bei den Befragten von vornherein auszuschalten, wurde auf Aufzeichnungen in ihrer Gegenwart verzichtet. Die nachträglich angefertigten Gedächtnisprotokolle bilden die Grundlage der Analyse und Auswertung.

Es erwies sich, daß mit der Aussprache in der geschilderten Form nicht nur der Zweck der Interviews durchaus erreicht wurde, sondern daß auch die Befragten selbst darin eine willkommene Gelegenheit erblickten, ihre persönlichen Probleme, Überlegungen und Ansichten zur Frage der Tuberkulose im allgemeinen und im besonderen vorzutragen. Dann und wann mußten allzu eingehende Schilderungen über Art und Verlauf der Krankheit, breite Monologe mit viel schmückendem Beiwerk und unwesentlichen Details in Kauf genommen werden, so daß in mehreren Fällen die Interviews zwei bis drei Stunden in Anspruch nahmen.

Wie weit dies fast durchweg in Erscheinung tretende starke Mitteilungsbedürfnis, das „Etwas-auf-dem-Herzen-haben" für die tuberkulösen Expatienten spezifisch oder etwa für das entwurzelte und entfremdete, von inneren und äußeren Nöten erdrückte Individuum unserer Zeit allgemein symptomatisch ist, kann an dieser Stelle nicht entschieden werden. Indessen könnte man auf die unerwartet reichhaltigen Ergebnisse einer Befragungsaktion in einem amerikanischen Großbetrieb verweisen[6], sowie auf die Aussprachemöglichkeit als ständige Einrichtung eines Betriebes mit zahlreicher Belegschaft[7].

---

[3] Beatrice *Webb*, zit. Pauline V. *Young*: Scientific Social Surveys and Research, New York 1949, S. 243.

[4] Hertha *Kraus*, Hrsgb.: Case Work in USA, Frankfurt 1950.

[5] Pauline V. *Young*, a.a.O.

[6] Elton *Mayo*: Probleme industrieller Arbeitsbedingungen, Frankfurt 1949, 4. Kap.

[7] Georges *Friedmann*: Zukunft der Arbeit, Perspektiven der industriellen Gesellschaft, Köln 1953, S. 115 ff.

Der Vollständigkeit halber muß erwähnt werden, daß alle Expatienten, die in der Mehrzahl der Fälle im Anschluß an die ärztliche Konsultation oder Nachuntersuchung interviewt wurden, für die Befragung Interesse zeigten, obgleich Klarheit darüber bestand, daß weder ideelle noch materielle Hilfe für den einzelnen daraus erwachsen würde. Einige der erwerbstätigen Patienten meinten, daß der Sache der Tuberkulösen ein großer Dienst erwiesen würde, wenn man ihre in der Öffentlichkeit so wenig bekannten Probleme und Nöte breiteren Kreisen zur Kenntnis bringen könnte.

Das Interview orientierte sich an folgenden Gesichtspunkten:
1. Dauer der Krankheit; Heilstättenaufenthalt mit seinen Eindrücken und Problemen für den Patienten; Beschäftigungs- oder Arbeitstherapie.
2. Familienverhältnisse, Wohnung, wirtschaftliche Lage.
3. Früherer Beruf des Expatienten und die Möglichkeit, ihn weiterhin auszuüben; Ausbildung und praktische Berufserfahrungen; Art der früheren Tätigkeit im einzelnen; Arbeitsbedingungen, falls gegenwärtig beschäftigt, insbesondere soweit sie als Belastung empfunden werden. Verhältnis zu Arbeitgeber und Arbeitskollegen.
4. Rückkehr an den alten Arbeitsplatz oder Eintritt in einen neuen Betrieb? Probleme bei der Arbeitsbeschaffung bzw. Stellensuche. Gründe für eine evtl. Kündigung.
5. Berufsumstellung, Berufswechsel, Umschulung. Pläne für eine dem Gesundheitszustand angemessene Erwerbstätigkeit. Selbsthilfe.
6. Lohn, Gehalt, Einkommen — vor und nach der Krankheit. Rente, Versicherung, Beihilfen, Nebenverdienst, Unterstützung durch Angehörige oder Freunde.
7. Stellung innerhalb der Gesellschaft — Hausgemeinschaft, Nachbarschaft, Verwandtschaft, Bekanntschaft.
8. Beurteilung der eigenen Lage. Eigene Pläne oder Vorschläge zu den Problemen der Expatienten.

In den folgenden Darstellungen werden die befragten Personen durch ihre Berufszugehörigkeit gekennzeichnet. Ihre Arbeitsschicksale dienen in verschiedenen Zusammenhängen als Beispiel und Illustration. Zuvor soll ein knapper Überblick über den Kreis der Befragten gegeben werden, um ihre charakteristischen Lebensumstände andeutungsweise zu umreißen.

1. Junge Kontoristin, 25 J., ledig, ohne Arbeit.
2. Schreiner (Baufach), 30 J., verh., 1 Kind, erwerbstätig.
3. Hilfsarbeiter, 34 J., verh., 4 Kinder, ohne Arbeit.
4. Älterer Schlosser, umgeschult für Büroarbeit, 50 J., geschieden, ohne Arbeit.
5. Flüchtlingsmädchen, jetzt Metallarbeiterin, 21 J., ledig, erwerbstätig.
6. Ältere Büroangestellte, 51 J., ledig, ohne Arbeit.
7. Berufslose Hausfrau, 42 J., geschieden, 2 Kinder, ohne Arbeit.
8. Spezialarbeiter, kriegsversehrt, 33. J., verh., 2 Kinder, erwerbslos.
9. Älterer Verwaltungsangestellter, 55 J., verh., erwerbslos.
10. Lehrling, Flüchtling, 22 J., ledig, erwerbslos.
11. Zigarrenarbeiterin, 30 J., ledig, erwerbslos.

12. Bauführer, beinamputiert, 35 J., verh., 2 Kinder, erwerbslos.
13. Friseur, 35 J., verh., 1 Kind, erwerbslos.
14. Laborant, 40 J., verh., 1 Kind, teilbeschäftigt.
15. Kraftfahrer, 44 J., verh., 3 Kinder, erwerbslos.
16. Schlosser, kriegsversehrt, 37 J., verh., 2 Kinder, erwerbslos.
17. Elektriker, umgeschult für Bürcarbeit, 32 J., verh., erwerbslos.
18. Optiker, jetzt eigene Hühnerfarm, 35 J., verh., 2 Kinder, selbständig.
19. Kaufmann, 33 J., verh., 2 Kinder, selbständig.
20. Angestellter, 27 J., verh., 1 Kind, erwerbstätig.
21. Verkäufer, 29 J., verh., 3 Kinder, erwerbstätig.
22. Facharbeiter, 47 J., verh., 1 Kind, erwerbstätig.
23. Werbefachmann, 34 J., verh., 2 Kinder, erwerbstätig.
24. Fremdsprachliche Sekretärin, 32 J., ledig, erwerbstätig.
25. Photolaborant, 28 J., verh., 1 Kind, erwerbstätig.
26. Bäckermeister, 54 J., verh., 2 Kinder, Betrieb stillgelegt.

1. Diagnose und Heilstättenaufenthalt

Der Zeitpunkt der Diagnosestellung lag bei den interviewten Expatienten ein bis zehn Jahre zurück. In zehn von 26 Fällen handelte es sich um eine kriegsbedingte Tuberkulose.

Ein Viertel der Befragten erklärte spontan, daß die Mitteilung, an Tuberkulose erkrankt zu sein, sie völlig unerwartet, „wie ein Blitz aus heiterem Himmel" getroffen hat. „Noch nie ist dergleichen in unserer Familie vorgekommen", versicherte ein Expatient. „Es war ein schwerer Schlag nicht nur für mich, sondern auch für meine Angehörigen", meinte ein anderer. Alle stimmten darin überein, daß es längere Zeit gedauert und viel Selbstdisziplin gekostet habe, sich in die neue Lage hineinzufinden.

Bis auf zwei Ausnahmen haben alle Befragten Heilstättenkuren durchgemacht, teils zu wiederholten Malen. Die durchschnittliche Dauer des Aufenthalts schwankte zwischen jeweils sechs Wochen und zwei Jahren.

Der Eindruck des Heilstättenmilieus ist entsprechend der im theoretischen Teil dieser Arbeit angedeuteten Möglichkeiten individuell verschieden aufgenommen worden. Freilich ist aus den Mitteilungen der Patienten nicht zu entnehmen, in welchem Grade diese Phase die einzelne Persönlichkeit geformt hat, d. h., inwieweit die einzelnen umweltlabil oder umweltstabil sein mögen.

Während etwa ein Drittel der Befragten über nachhaltige Eindrücke nichts zu berichten wußte, dachte ein weiteres Drittel mit großem Unbehagen an die in der Heilstätte verbrachte Zeit zurück. Vor allem wurde über die Mitpatienten geklagt, die sich „gehen ließen", die ausschließlich mit sich und ihrer Krankheit beschäftigt sind und sie von früh bis spät zum Mittelpunkt sämtlicher Unterhaltungen machen. Diese fast immer tonangebende Kategorie von Menschen beherrscht die Sanatoriumsatmosphäre allzu oft und zieht auch solche Patienten in ihren Bannkreis, die von sich aus lieber andere Interessen verfolgen würden. Außerdem werde viel zu viel „gejammert", und diese Stimmung übertrage sich fast unweigerlich auch auf den einzelnen. Einige Expatienten standen so sehr unter dem Eindruck der vielen Leidensgeschichten und „der ganzen Krankheitsmisere", daß sie eigenmächtig die Behandlung vorzeitig abbrachen. Die Unverträglichkeit des Milieus wurde besonders bei der Unterbringung mehrerer Patienten in einem Zimmer stark empfunden. „Differenzierte oder geistig interessierte Menschen haben es dann besonders schwer." Für einige andere Expatienten wiederum stand das Gefühl der Heimatlosigkeit und Abgeschiedenheit im Vordergrund. „Ich habe Heimweh gehabt wie ein Kind", gestand einer, für den die Kur die erste längere Trennung von seiner Familie bedeutet hatte.

Einige jüngere Expatienten glaubten, durch den Kontakt und die Gespräche mit Leidensgefährten aus teilweise ganz anderen Lebens- und Berufskreisen ihre allgemeinen Lebenserfahrungen bereichert zu haben. Ein jugendlicher Expatient, dem auch im gesunden Leben die Einordnung schwer zu fallen scheint, kritisierte die zahlreichen Vorschriften der Anstaltsdisziplin. Er klagte über den „unerträglichen Feldwebelton" und die mangelnde individuelle Behandlung. Patienten seiner Art sehen in einem Dauerkleinkrieg mit dem Personal, in Kritik an Arzt und Anstaltsleitung eine Beschäftigung, die sie zum Inhalt ihres abwechslungsarmen Heilstättendaseins machen.

Soweit sich aus den Interviews erkennen ließ, war der Kontakt der Patienten untereinander nur von vorübergehender und vorwiegend oberflächlicher Natur. Wenn es im Sanatorium zu Gruppenbildungen kommt, so sind sie meist ein Ausdruck des „Mit-sich-selbst-nichts-anfangen-könnens". Menschen, die keinen gemeinsamen Lebensinhalt haben — und Krankheit und Kur können dafür niemals einen Ersatz bieten —, leben mehr neben- als miteinander und verlieren sich schnell aus dem Auge und aus dem Sinn, sobald sie räumlich wieder getrennt sind.

Von der Mehrzahl der Befragten wurde eine über den Heilstättenaufenthalt hinaus fortzusetzende Verbindung mit früheren Leidensgenossen entschieden abgelehnt. Man will in keiner Weise mehr an die Krankheit und all das, was damit zusammenhängt, erinnert werden. Dieses Nichterinnert-werden-wollen klang im Laufe der Interviews immer wieder an und macht deutlich, in wie starkem Maße die Tatsache der unvollkommenen Heilung im Leben der Expatienten eine Rolle spielt und sich unablässig in den Vordergrund ihres Bewußtseins drängt. Immer wieder wurde geäußert, daß man die Krankheit vergessen wolle, Ablenkung suche und bemüht sei, wie ein gesunder Mensch zu leben. „Die Krankheit existiert für mich gar nicht mehr"; „man darf sich nichts daraus machen und muß so tun, als sei nie etwas gewesen", waren kennzeichnend für diesen Wunsch nach Bewußtseinsverdrängung.

2. Die Bürokratie in der Tuberkulose-Bekämpfung

In den Rahmen der Erörterung des Heilstättenfaktors gehört schließlich noch der Hinweis auf die beklagenswerten Folgen einer Entwicklung zu lebens- und gesundheitsfremder Bürokratie in der Tuberkulose-Bekämpfung. Fast alle Expatienten berichteten von langen Wartezeiten, die zwischen der Verordnung einer Heilstättenkur und der tatsächlichen Einweisung in ein Sanatorium verstrichen. Dies wirkte sich nicht nur zum Nachteil der Betroffenen selbst aus, sondern gefährdete auch ihre gesunde Umwelt. Wenn von zuständiger Seite hin und wieder Klagen über einen katastrophalen Bettenmangel laut werden, muß die Schließung dringend benötigter und voll ausgenutzter Heilstätten im höchsten Maße unverantwortlich erscheinen[8].

In eine ähnliche Richtung weist die Mitteilung einer Expatientin, die, weil außerhalb ihres Wohnsitzes erkrankt, wochenlang auf eine Entscheidung darüber warten mußte, welches Land die Kosten für ihr Heilverfahren übernehmen würde.

Um eine soziale, gerechte und ökonomische Durchführung der Heilbehandlung aller Tuberkulösen zu gewährleisten, hat die gesetzlich geregelte Tuberkulose-Bekämpfung den Sozialversicherungsträgern für die versicherte Bevölkerung und den Landesfürsorgeverbänden für die Nichtversicherten das fast alleinige Recht übertragen, als Kostenträger und als Unternehmer von Heilstätten aufzutreten. Andere Körperschaften des öffentlichen Rechts, wie z. B. die Bundesbahn, vereinzelte caritative Verbände und Private stellen einen verschwindend kleinen Prozentsatz der heutigen Sanatorien. Indessen wirkt sich das Vordringen versicherungsrechtlicher und ökonomischer Gesichtspunkte unter dem Schutzmantel der öffentlichen Gesundheit immer mehr zum Verhängnis der Allgemeinheit aus. Die abstrakte Verwaltungspraxis mit ihren Zuständigkeiten und bürokratisch fixierten Bestimmungen vergißt immer häufiger, welchem Zweck ihre Bestimmung und ihre Ökonomie zu dienen hat. „Die rein ökonomische Beurteilung des Aufwandes für einen Krankheitsfall in bezug auf seine Heilungschancen, die Ausmerzung unheilbarer Fälle von der Behandlung, weil diese

---

[8] Ende März 1953 wurde die Versorgungsheilstätte Ried i. Allgäu geschlossen. Die Landesversicherungsanstalt Schwaben als Eigentümerin ließ sich trotz eindringlicher Vorstellungen aus dem Kreise der Öffentlichkeit nicht von ihrem Entschluß abbringen, die Heilstätte einer anderen Bestimmung zu übergeben. (Aus: „Tu Dein Bestes", Jg. 2, Nr. 2, Juni 1953, S. 5.)

ökonomisch sich nicht lohnt"⁹, machen alle Anstrengungen einer konsequenten Tuberkulose-Bekämpfung zum Gespött. Das gleiche gilt von dem „Sieg der Manager über die Fachleute" in der Anstaltsleitung, die Viktor von Weizsäcker vor mehr als zwei Jahrzehnten anprangerte, als er die Klinik ein Kontrollorgan des wirtschaftlichen Produktionsprozesses nannte, an deren Spitze nicht mehr ein „Kliniker", sondern ein „Direktor" — ein Funktionär oder Manager — steht[10]. Derartige soziologische Vorgänge sind um so alarmierender, als es sich nicht um die Eroberung von Machtpositionen und Prestigestandpunkte handelt, sondern um das Wohl der Kranken und die Aufrechterhaltung der öffentlichen Gesundheit.

3. Der Tuberkulöse zwischen Behandlung und Entlassung aus der Kur

Wir sahen, wie sehr der Sanatoriumsaufenthalt mit allen seinen Zweifeln, Nöten und Frustrationen ein Umweltfaktor von einschneidender Bedeutung sein kann. Mit dem Blick auf die Rückkehr des Tuberkulösen in das Erwerbsleben verdient seine Situation im Augenblick der Entlassung und unmittelbar danach unsere Aufmerksamkeit.

Das therapeutisch erzwungene monate- oder jahrelange Nichtstun des Patienten, der nur ein Ziel, eine Aufgabe hat: gesund zu werden, schwächt nicht nur die physische Arbeitsfähigkeit, sondern lähmt auch die Arbeitsbereitschaft. Je länger die Kur dauert, desto mehr geht der Kontakt mit der Arbeitswelt verloren. Der Sinn für den ethischen Wert der Arbeit im menschlichen Leben, das moralische Gefühl der Arbeitspflicht als Voraussetzung zur Bejahung der Arbeit kann bis auf ein Minimum abgestumpft sein. Wenn bei chronischen Fällen zuweilen von einer „physisch-psychisch-moralischen Verelendung" gesprochen wird, dann deshalb, weil ein großer Teil der Patienten seelisch so verändert ist, daß er ohne Hilfe von außen nur mühsam oder gar nicht mehr die Initiative zum Arbeits- und Berufsleben aufbringt. Nach der Wiederherstellung gelingt es ihm nicht, den entscheidenden Sprung zurück in das Erwerbsleben zu tun, oft um so weniger, je mehr Hindernisse sich ihm in den Weg stellen.

Die mit der Behandlung einhergehende schützende Isoliertheit und Bevormundung haben in ihm vielleicht ein Gefühl der Unsicherheit entstehen lassen. Die bei der Entlassung mit auf den Weg gegebene Ermahnung, vorsichtig zu sein, viel zu ruhen, Ermüdung und Überanstrengung zu vermeiden, bedeutet für ihn ein ständiges Auf-der-Hut-

---
⁹ Kritik am Zeitgeschehen. Der Tuberkulose-Arzt, 4. Jg., H. 7, Juli 1950, S. 420.
[10] Viktor v. *Weizsäcker:* Soziale Krankheit und soziale Gesundung, Göttingen 1955, S. 9 f.

sein-müssen. All das trägt dazu bei, den Glauben an die eigene Leistungskraft zu erschüttern und die Entschlußfähigkeit zu lähmen. Die übertriebene Ängstlichkeit wird zum drückenden Gedanken, zu nichts mehr nütze zu sein. Je länger die Untätigkeit, desto tiefergreifend das Bewußtsein der eigenen Wertminderung.

„Wird die Heilung von Dauer sein", „was kann angesichts meiner geminderten Erwerbsfähigkeit aus mir werden", „wirst du es schaffen und deine Familie ernähren können" — sind bange Fragen an die Zukunft. „Die Krankheit ist schlimm, aber das Leiden an den psychischen, sozialen und ökonomischen Folgen der Insuffizienz ist noch schlimmer[11]." Besonders bei Menschen, die vor ihrer Erkrankung den Anforderungen des täglichen Daseins freudig entgegentraten, ihrer Anlage nach aktive und initiative Naturen waren, wird sich diese Einstellung ausprägen.

Ein Gefühl des Nicht-mit-könnens mit den anderen, des Von-vorn-anfangen-müssens wird immer wieder hervorbrechen. Das Leben in der Gemeinschaft Gesunder veranlaßt den Tuberkulösen zu dauerndem Vergleich und stärkt in ihm das Bewußtsein der eigenen Unzulänglichkeit. Wie dem Armen seine Armut erst in der Gesellschaft Bessergestellter bewußt wird, so erkennt der Genesene seine Schwäche und sein gemindertes Leistungsvermögen erst im Kreise der Gesunden.

Nach Ansicht der Sekretärin sind Zaghaftigkeit, Mangel an Selbstvertrauen und Gefühl der Unsicherheit die schwierigste Hürde, die der in das Erwerbsleben zurückkehrende Tuberkulöse zu nehmen hat. Ihr selbst gelang es erst nach einigen Wochen geregelter Berufstätigkeit, Selbstvertrauen und Zuversicht wiederzuerlangen.

„Ich bin aus allem raus, ganz und gar aus der Übung gekommen", oder: „ich habe nicht mehr das Zeug, mich im Lebenskampf zu behaupten", bringen die gleichen Empfindungen zum Ausdruck. Wie die junge Kontoristin erklärt, nimmt sie gegenwärtig an einem kaufmännischen Fortbildungslehrgang hauptsächlich deshalb teil, um sich zu vergewissern, daß sie „noch zu etwas taugt".

Es wird unter diesen Umständen auch dem Außenstehenden verständlich, wenn es bei einer derartigen Grundeinstellung leicht zu Fehlhaltungen kommen kann, bei denen die Betrachtungen über das eigene Leiden den objektiven Leistungswillen ersetzen, die die Sehnsucht nach dem Leben zur Lebensangst werden lassen und das Tätigkeitsbedürfnis in Mangel an Anstrengungsbereitschaft und Initiativarmut umwandeln. Das ziellose Warten, zumal, wenn es sich nach der Kur noch ungewollt und unnötig hinzieht, führt zu Entscheidungsflucht und Verantwortungsfurcht, zu Führungsbedürftigkeit und Versorgungsanspruch. Unmerklich beginnt schließlich der Tuberkulöse, sich „in der Untätigkeit einzurichten"[12].

---

[11] Viktor *v. Weizsäcker,* a.a.O., S. 4.
[12] Franz *Schäfers:* Arbeitslosigkeit als psychologisches Problem. Bundesarbeitsblatt, Jg. 50, H. 8, August 1950, S. 296.

Das Bild von der Situation des aus der Kur entlassenen Tuberkulösen wäre jedoch nicht vollständig, wenn man nicht gleichzeitig auf die häufig anzutreffende und deutlich erkennbare Arbeitswilligkeit hinweisen würde. Nicht wenige nämlich sind selbstbewußt und entschlossen, ihr Schicksal zu meistern; sie wollen nicht, daß man sie bemitleidet und befürsorgt, daß man ihnen ins Bewußtsein bringt, wie schwer sie vom Schicksal getroffen wurden. „Dissimulation"[13], so heißt es, sei bei Tuberkulösen besonders häufig erkennbar, während bei anderen Erkrankungen eine Tendenz, die Krankheit „auslaufen zu lassen", gelegentlich beobachtet werden kann.

Freilich werden verschiedene Motive bei dem Wunsch, so schnell wie möglich Arbeit zu bekommen, den Ausschlag geben. Die Diskrepanz zwischen objektivem Kranksein und subjektivem Wohlempfinden führt leicht zu einer Überschätzung der noch labilen Gesundheit und Leistungskraft. Der Wunsch, Beruf oder Arbeitsplatz nicht länger fernzubleiben, Existenzgründung oder bestimmte Lebenspläne nicht weiter aufzuschieben, sind ein Ansporn, unverzüglich in das Erwerbsleben zurückzukehren. Die stärkste Antriebskraft wird in den meisten Fällen von der Sorge um das wirtschaftliche Wohl der Familie ausgehen. Oft liegen hier so zwingende Gründe vor, daß selbst eine verfrühte und deshalb gesundheitsgefährende Wiederaufnahme der Arbeit nicht selten ist. Darüber hinaus, und vielen Expatienten selber unbewußt, bleibt ein gewisses Bestreben den der Tuberkulose anhaftenden „Makel" von sich fernzuhalten, indem man sich dem früheren Aufgabenkreis mit aller Energie zuwendet. Der Wunsch, nicht nur der gewohnten Lebensgemeinschaft, sondern auch einer Leistungsgemeinschaft erneut anzugehören, erklärt sich aus dem Bedürfnis nach Selbstbestätigung, das die geschwächte Leistungskraft nicht wahr haben möchte.

In Äußerungen mehrerer Expatienten, die gegenwärtig ohne Beschäftigung sind, wurde deutlich, daß Arbeit um der Arbeit willen, als Inhalt und prägendes Moment eines normalen Alltagslebens herbeigesehnt wird.

„Ich bin das Herumsitzen zu Hause herzlich leid; jede Fliege an der Wand beginnt mir auf die Nerven zu fallen", versicherte ein Expatient. „Die ewige Untätigkeit macht einen ganz mißmutig und mürbe", erklärte ein anderer, der vor fünf Jahren zum letzten Mal seinen Beruf ausgeübt hat. Der Elektriker stellte nicht ohne einen Unterton der Bitternis fest, daß die morgendliche Zeitungslektüre mit dem Studium der Stellenangebote zur einzigen Beschäftigung geworden sei.

Wie in der Wertskala eines modernen Durchschnittsarbeiters das Geldeinkommen durchaus einen „Grenznutzen" hat[14], so ist auch für

---

[13] Ernst *Melzer:* Der Einfluß der Tuberkulose auf das Seelenleben des Kranken. Stuttgart 1933, S. 115.
[14] Wilhelm *Baldamus:* Lebenshaltung und Arbeitswilligkeit. Arbeitsblatt Nr. 6, Juni 1949, S. 197 ff.

die Tuberkulösen der Gesichtspunkt „Verdienst" vielfach von untergeordneter Bedeutung. „Lieber heute als morgen würde ich meine Rente gegen ein etwa gleich hohes Arbeitseinkommen tauschen", meinte der Friseur. Drei Expatienten, deren Versorgung durch eine Kriegsbeschädigtenrente gesichert ist, haben sich trotz erheblicher Erwerbsminderung einen Arbeitsplatz erkämpft, obgleich der finanzielle Vorteil für sie nur minimal ist.

4. Die Arbeitsfähigkeit des Tuberkulösen

Wie immer die psychisch-moralische Einstellung und das Selbstvertrauen hinsichtlich der Wiederaufnahme einer geregelten Erwerbstätigkeit individuell differenziert sein mag, die große Mittelgruppe der tuberkulösen Expatienten verfügt in jedem Falle nur über eine geminderte und schwankende Leistungsbreite, verbunden mit einer stets latenten Rückfallgefahr. Auch der Genesene muß ständig mit Veränderungen seines Gesundheitszustandes rechnen; Zeiten des Wohlbefindens und der Arbeitsfähigkeit wechseln mit Schonungsbedürfnis und Leistungsabfall. Im Gegensatz zum Gesunden verfügt er nicht über physische Kraftreserven, die er einsetzen könnte, sobald erhöhte Anforderungen an ihn herantreten.

Es ist für die Tuberkulose charakteristisch, daß sich der Übergang vom Noch-krank-sein zum Schon-genesen-sein nicht eindeutig feststellen läßt. Weder röntgenologisch noch klinisch-diagnostisch gibt es zuverlässige Kriterien für eine Dauerheilung. Wenn grundsätzlich kein System der Pathologie die Arbeits- und Existenzfähigkeit eines Menschen ermitteln kann, so trifft diese Feststellung in erhöhtem Maße für den Tuberkulösen zu. Die verbliebene Gesundheit und die Form der Verwendbarkeit ist vielmehr „als Qualität der Zuordnung eine bestimmte Fähigkeit der Person zu einer bestimmten lebensmöglichen Aufgabe"[15], und abhängig von dem „Verhältnis seiner psychophysischen Struktur zu seiner psychophysischen Umwelt". Nicht nur wirkt sich derselbe körperliche Zustand auf jeden Menschen gemäß seiner Gesamtkonstitution unterschiedlich aus, sondern das subjektive körperliche Wohlbefinden reagiert auch auf die verschiedenen Arten der Tätigkeit in einer individuell verschiedenen Weise.

Die tatsächliche Leistungs- und Arbeitsfähigkeit des tuberkulösen Expatienten — Brieger nennt sie den „Realwert" — ist also bestenfalls nur annähernd einzuschätzen. Wie sehr diese Tatsache sich erschwerend auf seine Rückführung in den normalen Arbeitsprozeß auswirkt, wird bei einem Vergleich mit Körperbehinderten klar, die auf Grund anderer Leiden in ihrer Erwerbs- und Vermittlungsfähigkeit gemindert

---

[15] Viktor v. *Weizsäcker*, a.a.O., S. 56 (1. Aufl.).

sind. Bei Blinden und Amputierten, zum Beispiel, handelt es sich in der Regel um lokalisierte und unveränderliche Arbeitsbehinderungen, die sich nach einer zeitlich übersehbaren Übergangsphase und Eingewöhnung zu einem Dauerzustand verfestigen. Dagegen ist die Labilität des Tuberkulösen ein Faktor, der auf Jahre hinaus seinen Allgemeinzustand und seine Verwendungsmöglichkeit beeinträchtigt.

Die Bemessung seiner Arbeitsfähigkeit ist noch am ehesten möglich, wenn sein Zustand vor der Erkrankung und die damaligen Anforderungen an seine Arbeitskraft zu dem erreichten Gesundheitszustand und den Anforderungen der geplanten Tätigkeit in Beziehung gesetzt werden.

Diese Überlegungen haben ihre Formulierung in den 1954 herausgegebenen „Richtlinien für die Beschäftigung von Lungentuberkulösen an geeigneten Arbeitsplätzen" gefunden. Sie wurden vom Deutschen Zentralkomitee zur Bekämpfung der Tuberkulose in Zusammenarbeit mit den Bundesministerien für Inneres und für Arbeit, der Bundesanstalt für Arbeitsvermittlung und Arbeitslosenversicherung, dem Deutschen Gewerkschaftsbund und mehreren Arbeitgeberorganisationen ausgearbeitet[16]. Dort heißt es unter Absatz A, 4: „Arbeitsfähig im Sinne des § 88 AVAVG ist ein Tuberkulöser, dessen Arbeits- und Erwerbsfähigkeit ohne gesundheitliche Gefährdung durch die Arbeitsbelastung eine Arbeitsaufnahme zulassen."

Dennoch ergeben sich mannigfaltige Schwierigkeiten, weil, durch unsere gesamtgesellschaftliche Entwicklung bedingt, die Normierung der menschlichen Arbeitsfähigkeit zur unentbehrlichen Regel geworden, aber ein unzulängliches Hilfsmittel geblieben ist. Jede noch so komplexe Individualität wird in bezug auf ihre Erwerbsfähigkeit auf einer nach Prozenten gewerteten Skala eingestuft, als ob der Mensch wie eine meßbare quantitative Größe einer „sozialmedizinischen Mathematik" zugrundegelegt werden könnte. Zwei inkommensurable Sphären — die individuelle und die kollektive — werden zueinander in Beziehung gesetzt und helfen einen Rechtstitel begründen, der die Existenzform eines Menschen weitgehend bestimmen kann. Der Eintritt in die Krankheit und der Austritt aus ihr sind gekoppelt mit der Einordnung in „die ökonomische Situation der Arbeit und des Geldes"[17].

Während die Normierung der Erwerbsfähigkeit ursprünglich den Zweck verfolgte, den Leistungsschwachen zu schützen, hat sie sich in der Praxis für die Betroffenen häufig als ein diskriminierendes Etikett

---

[16] Deutsches Zentralkomitee zur Bekämpfung der Tuberkulose, Hannover: Richtlinien für die Beschäftigung von Lungentuberkulösen an geeigneten Arbeitsplätzen. 19. Januar 1954 (Sonderdruck).
[17] Viktor v. Weizsäcker, a.a.O., S. 3.

erwiesen. Die tuberkulösen Expatienten berichteten übereinstimmend, daß ein in Prozenten höherer Grad der Erwerbsminderung die Suche nach einem Arbeitsplatz außerordentlich erschwert. Von Beamten des Arbeitsamtes wurden diese Erfahrungen ganz allgemein bestätigt. Die Bemühungen um die Vermittlung leistungsbeschränkter Kräfte, die meist den persönlichen Einsatz des Vermittlers erfordern, führen um so seltener zum Erfolg, je geringer die in Prozenten ausgedrückte Erwerbsfähigkeit des Arbeitsuchenden ist. Diese Tatsache wirkt sich besonders tragisch aus auf zahlreiche Schwerbeschädigte, die auf die Zuweisung eines Arbeitsplatzes auf Grund des Schwerbeschädigtengesetzes hoffen. Selbst wenn sie in der Lage sind, eine Tätigkeit auszuüben, sind manche von ihnen zu dauerndem Ausschluß vom Arbeitsprozeß verurteilt, weil niemand sie haben will.

In diesem normierten, rein bürokratischen Sinne sind alle interviewten Expatienten beschränkt oder völlig erwerbsunfähig. Bei näherer Kenntnis ihrer Lage stellt sich jedoch heraus, daß es durchaus möglich wäre, sie unter bestimmten Voraussetzungen und in den durch ihre labile Gesundheit gesetzten Grenzen produktiv zu beschäftigen. Keiner von ihnen ist erwerbsunfähig in dem Sinn, daß er überhaupt nichts zu leisten vermag. Vielmehr fehlt es an Gelegenheit, ihre beschränkte Arbeitsfähigkeit zur praktischen Anwendung zu bringen, und an systematischen grundlegenden Bemühungen, angepaßte Arbeitsmöglichkeiten zu schaffen.

Einige Tuberkulöse werden ihren früheren Beruf nicht wieder ausüben können:

Der Elektriker hat soeben einen Umschulungslehrgang beendet, um sich für einen kaufmännischen oder verwaltungstechnischen Posten bewerben zu können.

Der Bauführer ist neben der Tuberkulose durch eine Beinamputation an der Wiederaufnahme seiner alten Tätigkeit gehindert; er wäre aber als technischer Zeichner oder in einer ähnlichen Beschäftigung in einem Baubüro zu verwenden.

Für den Friseur, dem sein ohnehin zu anstrengender Beruf aus hygienischen Gründen verschlossen bleiben muß, käme z. B. die Stellung eines Pförtners oder Kassierers in Frage.

Andere Expatienten können die Art ihrer früheren Beschäftigung nur unter besonderen, schützenden Bedingungen fortsetzen:

Für die junge Kontoristin und die berufslose Hausfrau ist ein achtstündiger Arbeitstag eine gesundheitsschädigende Belastung. Für beide kommt nur eine Teilzeitbeschäftigung in Betracht.

Der Schreiner ist bei neunstündiger Arbeitszeit mit Außenarbeiten auf einem Bau beschäftigt. Er mußte sich jetzt erneut in ärztliche Behandlung begeben. Seinen Beruf könnte er beibehalten, wenn für ihn ein Arbeitsplatz gefunden würde, an dem er Witterungsunbilden nicht ausgesetzt ist, und der evtl. eine verkürzte Arbeitszeit gestattet.

5. Gesundheitsschädigende Arbeitsbedingungen

Eine Reihe von Arbeitsbedingungen betrieblicher oder außerbetrieblicher Art sind geeignet, sich verhängnisvoll auf die Gesundheit des klinisch geheilten Tuberkulösen auszuwirken.

Die Zigarrenarbeiterin kehrte nach der ersten Kur an ihren Arbeitsplatz zurück und erlitt schon zwei Monate später einen Rückfall. Abgesehen von der für die Tabakindustrie typischen Staubbildung (Silikose) macht sie lange Arbeitszeit und häufige Überstunden für den erneuten Krankheitsausbruch verantwortlich.

Tempo und Rhythmus töten den Tuberkulösen. Entwöhnung, Schwäche und Unsicherheit tragen dazu bei, daß der Expatient nur unter großen Anstrengungen mit seinen Arbeitskameraden Schritt hält. Er kann keine gleichmäßigen und maximalen Arbeitsleistungen vollbringen und sich einem beschleunigten, maschinell bestimmten Arbeitstempo nur selten anpassen.

Der Facharbeiter ist mit seinem gegenwärtigen Arbeitsplatz vor allem deshalb zufrieden, weil er „ohne Hatz" seinen Aufgaben nachgehen kann.

Der ältere Schlosser war während des Krieges als Akkordarbeiter in einem Rüstungsbetrieb eingesetzt. Ohne Rücksicht auf seinen Gesundheitszustand, der dem Betrieb bekannt war, wurden auch für ihn die Akkordsätze immer mehr erhöht. Mit einem steigenden Kraftaufwand konnte er ihnen gerecht werden, bis ihn gesundheitliche Schädigungen zwangen, seine Dienstentpflichtung zu beantragen.

Der Arbeitsweg ist für die Mehrzahl der heutigen Arbeitnehmer zu einem selbstverständlichen Zeit- und Kräfteverlust geworden. Er muß zu der betrieblichen Arbeitszeit und zu der Arbeitsleistung unmittelbar am Arbeitsplatz hinzugerechnet werden, wenn man den wahren Aufwand an Energien des einzelnen ermessen will.

Der Hilfsarbeiter, durch Krankheit in der Familie zu besonderer Sparsamkeit gezwungen, fuhr mit dem Fahrrad zu seinem in der Nachbarstadt gelegenen Arbeitsplatz. Nach einem Jahr konnte er den täglich drei Stunden erfordernden Arbeitsweg nicht mehr durchhalten.

Der Elektriker, als Flüchtling in den ersten Nachkriegsjahren in ein bayrisches Dorf verschlagen, übernahm in der 30 km entfernten Stadt eine Stellung als Hilfsarbeiter. Der Arbeitsplatz war mit dem Omnibus zu erreichen. Nach Stillegung dieser Verkehrsverbindung verlangte der Arbeitgeber, daß er künftig ein Motorrad für den Anmarsch zum Arbeitsplatz benutze, das ihm zur Verfügung gestellt werden sollte. Dieses Ansinnen veranlaßte den erst kurze Zeit zuvor aus der Kur Entlassenen zur Aufgabe seiner Stellung.

Der tuberkulöse Expatient, besonders wenn er die rezeptive Sanatoriumskur unvermittelt mit den Belastungen des Erwerbsleben vertauschen muß, ermüdet leicht. So ist es erklärlich, daß die Einhaltung eines normalen Arbeitstages von acht oder neun Stunden für ihn eine große Anstrengung bedeutet. Es erklärt ebenfalls das Bedürfnis nach häufigen Arbeitsunterbrechungen oder nach einer längeren Ruhepause während der Arbeitszeit. Wie alle erwerbstätigen Tuberkulösen betonten, sind sie am Ende eines normalen Arbeitstages unverhältnismäßig erschöpft. Nur eine äußerst disziplinierte Lebensführung mit sehr viel Ruhe und der Verzicht auf manche Freuden des Privatlebens ermöglichen es ihnen, ihre Kräfte für das Erwerbsleben zu erhalten. Bei einigen Expatienten ist dieses Schonungsbedürfnis so ausgeprägt, daß eine über wenige Stunden täglich hinausgehende Beschäftigung für sie sogleich gesundheitliche Rückschläge zur Folge hat.

Fassen wir die für den tuberkulösen Expatienten gesundheitsschädlichen Arbeitsbedingungen nochmals zusammen, so sind es: schwere körperliche Arbeit, Akkord- und Fließbandarbeit, Überstunden und Wechselschichten, Staub-, Gas- und Dampfentwicklung, Feuchtigkeit und Temperaturschwankungen am Arbeitsplatz, lange Anmarschwege.

6. Anforderungen des Erwerbslebens an den Arbeitnehmer

In den vorangegangenen Abschnitten wurde dargelegt, daß es den tuberkulösen Expatienten in der Regel nicht möglich ist, eine ihrer teilweisen oder nur bedingten Leistungsfähigkeit entsprechende Arbeit zu finden. Jede Stellung, die sich ihnen auf dem freien Arbeitsmarkt anbietet, bedeutet für sie unter dem einen oder anderen Gesichtspunkt eine Überforderung und dürfte ihnen mit Rücksicht auf die zu erhaltende Gesundheit nicht zugemutet werden. Mit anderen Worten: es fehlt an Gelegenheiten zur Teilarbeit und an Arbeitsmöglichkeiten unter schützenden Bedingungen. Doch auf dem freien Arbeitsmarkt sind solche Beschäftigungsmöglichkeiten nicht nachweisbar. In der modernen Wirtschaftsform, in der das jedem humanen Prinzip Hohn sprechende Wort: „die Industrie braucht Menschen", aufkommen konnte, besteht so gut wie keine Nachfrage nach nicht voll und rückhaltlos Einsatzfähigen. Man muß rationalisieren, um wettbewerbsfähig zu bleiben. Alle menschlichen und technischen Reserven werden in den Dienst der einen Aufgabe gestellt — die Produktivität zu steigern und die Produktion zu erhöhen. Von jedem beruflich Tätigen wird ein Höchstmaß, von allen die gleiche Leistungskraft verlangt.

Die Industrie ist keine „philanthropische Einrichtung" und „der Betrieb keine Versorgungsanstalt". Bei seiner Rückkehr in den Wirtschaftsprozeß bleibt dem tuberkulösen Expatienten nichts weiter übrig, als „hineinzuschlüpfen in einen vorgeformten funktionalen Apparat mit seinen Berufs- und Erwerbskategorien"[18], unbeschadet seiner geminderten Fähigkeiten.

Wenn in seltenen Fällen und in engen Grenzen behinderten Arbeitskräften Entgegenkommen und Rücksichtnahme erwiesen wird, so ist

---
[18] Ludwig *Heyde:* Abriß der Sozialpolitik, 10. Aufl., Heidelberg 1953, S. 186.

der ehemalige Tuberkulöse unter ihnen stets der am wenigsten willkommene Bewerber. Ist es ihm schließlich gelungen, sich in das Erwerbsleben einzugliedern, so wird er als schwächstes Glied im Arbeitsprozeß in Zeiten rückläufiger Konjunktur deren erstes Opfer.

Wie ganz anders war dagegen die Blickrichtung, die während des letzten Krieges die Arbeitssituation kennzeichnete. Als die Kriegsanstrengungen für jede Arbeitskraft Verwendung fanden, hieß es, die Volksgemeinschaft sei auf die Arbeitsleistungen der Tuberkulösen „angewiesen". Ein Runderlaß des früheren Reichsinnenministeriums und des Reichsarbeitsministeriums vom 9. Juni 1941 stellte fest: „Die Wirtschaft kann die Arbeitskraft der arbeitswilligen Tuberkulösen nicht grundlos entbehren" und betonte im Interesse einer „gesundheitlichen Klarstellung", daß ihrer Ansteckungsfähigkeit ganz bestimmte Grenzen gesetzt seien[19].

So wurden von der besonders in Zeiten einer Rüstungskonjunktur zu realisierenden Vollbeschäftigung mit ihrer Sogwirkung auf Erwerbsschwache auch die Tuberkulösen ergriffen. Es erübrigt sich der Hinweis, daß Hand in Hand mit einer derartigen Entwicklung nicht nur die Gesundheit des leistungsschwachen Arbeiters, sondern auch die öffentliche Gesundheit in unverantwortlicher Weise aufs Spiel gesetzt wurden. Die starke Nachfrage nach Arbeitskräften führte dazu, daß auch solche Tuberkulöse unkontrolliert Eingang in den Wirtschaftsprozeß fanden, deren Einsatz wegen ihrer Ansteckungsgefahr nach seuchenhygienischen Gesichtspunkten nicht zu vertreten gewesen wäre.

Über das Ausmaß der Beschäftigung von Tuberkulösen liegen eindrucksvolle Zahlen vor. In Berlin waren 1940 8000 Offentuberkulöse beschäftigt, deren Jahreseinkommen rund 20 Millionen RM betrug. In dem Berliner Bezirk Reinickendorf mit 200 000 Einwohnern waren 60 % aller Offentuberkulösen berufstätig, teilweise als Akkordarbeiter oder mit einer Arbeitszeit von zehn bis zwölf Stunden täglich[20]. Diese Berichte geben freilich keinen Aufschluß über das Ausmaß der gesundheitlichen Schädigungen sowohl für die Betreffenden selbst als auch für ihre Umgebung.

Der ältere Schlosser, dessen Erfahrungen in einem Rüstungsbetrieb schon erwähnt wurden, ließ sich nach dem Krieg umschulen, ist aber seit nahezu drei Jahren arbeitslos. Wie er meint, wird „mit der jetzt einsetzenden Wiederaufrüstung auch für uns Tuberkulöse die Zeit wieder kommen. Sowie Arbeitskräfte knapp werden, sind wir gut genug, um einzuspringen: dann sind selbst Leistungsschwache willkommen. Nur wird dann auch das Geld weniger wert sein; ich habe immer dann gut verdient, wenn mit dem Geld nicht viel anzufangen war".

---

[19] Lilly Zarncke, a.a.O., S. 5 ff.
[20] Ernst Brandt: Der Tuberkulöse in der Arbeit. Zschr. für Tuberkulose, Bd. 85, H. 1, 1940, S. 24 ff.

7. Standpunkt der Arbeitgeber zur Beschäftigung von Tuberkulösen

Nachdem sich die bisherigen Ausführungen vorwiegend mit den Schwierigkeiten befaßt haben, die sich vom Standpunkt des tuberkulösen Expatienten ergeben, soll nun versucht werden, zur Frage ihrer Beschäftigung unter dem Blickwinkel der Arbeitgeberseite Stellung zu nehmen. Zu den Hauptgründen für eine fast durchweg ablehnende Haltung, die im vorangegangenen Abschnitt teilweise schon vorweggenommen wurden, gehören folgende:

Der Tuberkulöse gilt auch nach seiner Heilung als eine unzuverlässige Arbeitskraft und man mißtraut seiner Leistungsfähigkeit. Im Hinblick auf die bekannte, noch lange anhaltende Labilität wird mit überdurchschnittlichen Fehlzeiten oder Nachkuren gerechnet, die für den Betrieb einen häufigen Arbeits- und Produktionsausfall bedeuten würden. Seinem Leistungsvermögen begegnet man mit Mißtrauen, ohne zu bedenken, daß der Genesene nach der Entlassung aus der Kur gar keine Gelegenheit gehabt hat, seine Arbeitsfähigkeit zu erproben oder zu beweisen. Hier liegt die große Lücke, die nur durch Rehabilitations-Maßnahmen sinnvoll zu schließen wäre. Selbst wenn ein Arbeitgeber bereit ist, seinen früheren Angestellten wieder aufzunehmen, so verlangt er meist Gewißheit darüber, eine vollwertige Arbeitskraft erwarten zu können. Bei mehreren Expatienten, die an ihren früheren Arbeitsplatz zurückkehren oder einen neuen übernehmen wollten, machten die Arbeitgeber ein Gutachten des behandelnden Arztes zur Bedingung, das die endgültige Heilung des Betreffenden gleichsam garantieren sollte.

Leistungsschwache Arbeitskräfte belasten den Produktionsgang und die Produktionskosten und stehen der Rentabilität eines Betriebes im Wege. Viele Betriebe, die sich vornehmlich verpflichtet fühlen, eigene, nicht mehr voll leistungsfähige Belegschaftsmitglieder an geeigneten Arbeitsplätzen ihres Produktionsganges unterzubringen, können eine Neueinstellung tuberkulöser Expatienten nicht mehr in Erwägung ziehen. Schon die für jeden Betrieb gesetzlich vorgeschriebene Beschäftigung von Kriegsversehrten bringt in manchen Fällen eine als betriebsstörend empfundene Belastung mit sich; innerhalb der Gruppe Teilarbeitsfähiger haben die Tuberkulösen die geringsten Chancen, einen Arbeitsplatz zugewiesen zu bekommen.

Ein Argument, dem sich auch der an seinen früheren Arbeitsplatz zurückkehrende Tuberkulöse gerechterweise nicht verschließen kann, ist die Rücksichtnahme des Arbeitgebers auf die Ersatzkraft, die für den auf lange Sicht erkrankten Betriebsangehörigen eingestellt werden mußte. Es ist begreiflich, wenn man diese nicht wie einen Lückenbüßer abschieben möchte, nachdem sie sich eingearbeitet und ihre Arbeitspflichten gewissenhaft und loyal erfüllt hat. Drei der interviewten Expatienten, die ihren Arbeitgebern die bevorstehende Entlassung aus dem Sanatorium ankündigten, fiel es schwer, sich mit diesem Umstand abzufinden, da sie fest auf ihre Wiedereinstellung gehofft hatten.

Das Problem der Ansteckungsgefahr

Zu einer Überlegung grundsätzlicher Art hinsichtlich der Beschäftigung ehemaliger Tuberkulöser führt das Problem der Ansteckungsmöglichkeit. Hier scheint sich in der Tat das am schwersten wiegende Hindernis aufzutürmen, denn der Begriff der Ansteckung konnte bisher noch in keiner befriedigenden Weise eindeutig abgegrenzt werden. „Offene" Fälle, die erwiesenermaßen Bazillenträger sind, scheiden für eine Betrachtung im Rahmen dieser Untersuchung aus, weil sie für die Wiedereingliederung in die freie Wirtschaft, auch wenn es sich um vollwertige Arbeitskräfte handelt, nicht in Betracht kommen können.

Dagegen besteht bei vielen „geschlossenen" Fällen jederzeit die Möglichkeit, daß eine Ansteckungsfähigkeit wiedereintritt, und sei es nur in Form einer intermittierenden oder temporären Bazillenausscheidung, über die die routinemäßigen Nachweismethoden keinen sicheren Aufschluß zu geben vermögen[21]. In den bereits angeführten Richtlinien des Deutschen Zentralkomitees zur Bekämpfung der Tuberkulose (S. 49) wird zu diesem Problem mit folgender Formulierung Stellung genommen: „Nach Prüfung des Arbeitsplatzes ist eine Arbeitsaufnahme auch dann unbedenklich, wenn der Tuberkulöse zwar gelegentlich Tuberkelbakterien im Auswurf hat, jedoch auf Grund laufender sorgfältiger klinisch-röntgenologischer Beobachtung eine Ansteckungsgefahr praktisch nicht anzunehmen ist." Es folgen dann einige Einschränkungen, die sich auf Berufe erstrecken, die aus hygienischen Rücksichten dem tuberkulösen Expatienten verschlossen bleiben müssen, so z. B. wenn sie die Gewinnung, Herstellung oder den Vertrieb von Nahrungs- und Genußmitteln betreffen, oder Kontakt mit Kindern und Jugendlichen mit sich bringen.

Es läßt sich nur schwer erkennen, wann und inwieweit eine „praktisch nicht anzunehmende" Ansteckungsgefahr „unbedenklich" sein soll. Zweifellos spielen persönliche Disziplin und Verantwortungsbewußtsein des einzelnen Tuberkulösen gegenüber seinen Mitmenschen hierbei eine große Rolle. Der Vorschlag einer Einteilung in ansteckungs- „gefährlich", ansteckungs-„fähig" und nicht-ansteckend dürfte in der Praxis die schwierige Abgrenzung ebenfalls kaum erleichtern helfen.

---

[21] F. *Blittersdorf:* Die Berufsfähigkeit tuberkulosekranker Lehr- und Kinderpflegepersonen. Tuberkulose-Arzt, 7. Jg., H. 12, Dezember 1953, S. 704 ff.

Indessen sollte bei allen die Ansteckung des Tuberkulösen betreffenden Diskussionen nicht außer Acht gelassen werden, daß es in erster Linie die unerkannten Tuberkulosefälle und in einem wesentlich geringeren Umfang die ärztlich überwachten Patienten sind, die die Krankheit übertragen. Auch muß an den früheren Hinweis auf bürokratische Methoden erinnert werden, die die Einweisung eines Patienten in die Heilstätte oft wochenlang verzögern oder zu einer vorzeitigen Entlassung führen. Die gesundheitlichen Schäden für die Allgemeinheit bleiben dabei zweifellos unberücksichtigt.

Die zentrale Bedeutung des Ansteckungsproblems für den Arbeitgeber ergibt sich aus der betrieblichen Haft- und Sorgfaltspflicht. Denn nicht nur „tritt mit zunehmender Dauer der Betriebszugehörigkeit die personenrechtliche Seite des Arbeitsverhältnisses stärker hervor und erhöht die Anforderungen an die Fürsorgepflicht des Arbeitgebers[22]" für den erkrankten Betriebsangehörigen, sondern der Arbeitgeber trägt auch für die gesunde Belegschaft die Verantwortung, in deren Reihen sich ein tuberkulöser Arbeitnehmer befindet.

Die Richtlinien des Deutschen Zentralkomitees enthalten über diese Haftpflicht folgende Ausführungen: „Stellt der Arbeitgeber einen Lungentuberkulösen ... ein und führt die vom Gesundheitsamt ... als notwendig erachteten Schutz- und Vorsichtsmaßnahmen ... durch, so ist nach ärztlicher und praktischer Erfahrung eine tuberkulöse Erkrankung gesunder Mitarbeiter als Folge einer Ansteckung im Betrieb und damit auch die erfolgreiche Geltendmachung eines Haftpflichtanspruchs höchst unwahrscheinlich." Auch hier muß man im Auge behalten, daß es sich bei diesen Richtlinien nicht um gesetzliche Bestimmungen, sondern um unverbindliche Empfehlungen handelt.

Nach wie vor werden Großbetriebe der öffentlichen Hand, wie die Bundespost, und Großbetriebe der Privatindustrie die Neueinstellung von Bewerbern mit tuberkulöser Vorgeschichte ablehnen müssen, weil die möglicherweise für sie erwachsenden personalrechtlichen und fürsorgerischen Verpflichtungen unübersehbar sind.

Im unmittelbaren Zusammenhang mit der Furcht vor einer Ansteckung steht die Haltung der Belegschaft zur Neueinstellung oder Rückkehr eines geheilten Tuberkulösen. Die Weigerung der Mitarbeiter, ihn in ihrer Mitte zu dulden, hat auf Entscheidungen des Arbeitgebers weitgehend Einfluß. Ein vom Heidelberger Arbeitsamt mitgeteilter Vorfall ist hierfür beispielhaft. Unter dem Druck der Streikdrohung wurde ein ehemals tuberkulöser Angestellter von seinem Arbeitgeber entlassen. Er erhob beim Arbeitsgericht Einspruch gegen die Kündigung und die Klage wurde zu seinen Gunsten entschieden.

---

[22] Arbeitsrechtliche Kernsätze, Bundesarbeitsblatt, Jg. 1952, S. 365.

Gegen diese Entscheidung legte der Arbeitgeber in zweiter Instanz Berufung ein. Das neue Urteil widerrief die frühere Entscheidung mit der Begründung, daß der Arbeitgeber unter dem Druck „höherer Gewalt" gehandelt habe und die Kündigung rechtskräftig sei.

Es ist verständlich, daß die Einstellung der Kollegen, auch wenn sie weniger drastische Formen annimmt, für die Wiedereingewöhnung des noch sensiblen Expatienten von kaum zu überschätzender Bedeutung ist. Die zwischenmenschlichen Beziehungen am Arbeitsplatz können sehr viel dazu beitragen, seine Selbstsicherheit und sein Selbstvertrauen zu festigen oder weiter zu erschüttern.

Bei seiner Rückkehr in den Betrieb hatte der Werbeleiter gegen den Widerstand seiner Mitarbeiter anzukämpfen. Ein Kollege, der ihm seine Stellung neidete, nahm die tuberkulöse Erkrankung zum willkommenen Vorwand, um gegen ihn zu intriguieren und ihn aus der Abteilung zu verdrängen.

Der Bauführer, der innerhalb des Betriebes an einen für ihn geeigneten Posten versetzt worden war, empfand, daß sich seine Kollegen immer mehr von ihm distanzierten. Das Betriebsklima wurde für ihn so unerträglich, daß er um seine Kündigung bat, als sich die Aussicht auf eine andere Stellung bot.

Viele ehemalige Tuberkulöse bieten besondere Energien auf, um an ihrem Arbeitsplatz nicht durch Leistungsabfall aufzufallen. Die Mehrzahl der erwerbstätigen Expatienten erledigt die regelmäßigen Arztbesuche außerhalb ihrer Arbeitszeit, um bei den Arbeitskollegen keinen Verdacht zu erregen. Einer von ihnen verlor seine Stellung, weil die Tatsache seiner früheren Erkrankung sich im Betrieb herumsprach, nachdem er um Freizeit für die ärztliche Kontrolluntersuchung gebeten hatte.

Die Wiedereingliederung in das Erwerbsleben wird durch einen weiteren Umstand erschwert, von dem voll- und teilarbeitsfähige Expatienten in gleicher Weise betroffen werden. Die einfache Tatsache, daß die berufliche Tätigkeit monate- oder jahrelang unterbrochen wurde und für diesen Zeitraum keine Zeugnisse vorgelegt werden können, verschlechtert die Position des Expatienten, der mit anderen Bewerbern konkurrieren muß.

8. Wiedereingliederungsprobleme nach der Berufszugehörigkeit

Den betriebswirtschaftlichen Überlegungen und dem Standpunkt des Arbeitgebers stellt sich eine Betrachtung der Wiedereingliederungsprobleme im Lichte der Berufszugehörigkeit des tuberkulösen Expatienten ergänzend zur Seite.

In der Untersuchung eines Psychiaters, die sich auf Angaben von rund 300 Tuberkulösen stützt, wurde festgestellt, daß sich Angehörige bestimmter Berufsgruppen größere Sorgen um ihre bevorstehende Rückkehr in das Erwerbsleben machen als Angehörige anderer Berufssparten, die auf Grund ihrer beruflichen Qualifikation mit größerer Zuversicht der Zukunft entgegenblicken[23].

In die erste Gruppe fallen gehobene Berufe, Selbständige und leitende Angestellte, die an einem verantwortungsvollen Arbeitsplatz gestanden haben. Während ihrer langen Erkrankung mußte dieser oft anderweitig besetzt werden oder ist so stark vernachlässigt worden, daß er an den Genesenen besonders hohe Anforderungen stellt. Ferner gehören in diese Gruppe ungelernte oder angelernte Arbeiter. Selbst als Gesunden bieten sich ihnen nur beschränkte Erwerbsmöglichkeiten, die überdies von der allgemeinen Nachfragestruktur auf dem Arbeitsmarkt besonders stark abhängig sind. Für leistungsschwache Arbeitskräfte ist die Stellungssuche noch schwieriger. Die zweite Gruppe setzt sich zusammen aus mittleren Angestelltenberufen (routine clerical workers) und gelernten Arbeitern. Beide verfügen entweder über genügend vielseitige Berufserfahrungen oder Fachkenntnisse, die ihnen die Beschaffung eines Arbeitsplatzes erleichtern, falls es nicht möglich sein sollte, in ihren alten Betrieb zurückzukehren.

Das Schema dieser englischen Untersuchung erweist sich auch für die Behandlung der Probleme der interviewten Personen als brauchbar und liegt den folgenden Darlegungen zugrunde.

a) Selbständige und leitende Angestellte

Der Kraftfahrer hatte mit einem Lastwagen einen eigenen Fuhrbetrieb gegründet. Nachdem seine Erkrankung festgestellt worden war, führte er dennoch den Betrieb weiter, weil er sich scheute, ihn während eines längeren Heilverfahrens einem Fremden anzuvertrauen. Als Folge trat eine sehr rasche Verschlechterung seines Gesundheitszustandes ein; eine Kur war nicht mehr zu umgehen. Er verkaufte sein Fahrzeug, weil Transportfahrten für ihn künftig nicht mehr in Frage kommen würden. Nach seiner völligen Wiederherstellung will er nicht die Neugründung einer Existenz versuchen, sondern sich um eine Anstellung als Chauffeur bemühen.

Der Werbeleiter war vor seiner ersten Erkrankung als freischaffender Journalist tätig. Nach einjähriger Behandlungsdauer schien es unmöglich, zum zweiten Male sich selbständig zu machen. Er entschloß sich daher, eine verwandte Beschäftigung im Angestelltenverhältnis zu suchen und erhielt in seinem jetzigen Betrieb den Posten eines Werbeleiters. Eine erneute Erkrankung hielt ihn wiederum für längere Zeit seinem Aufgabenkreis fern. Die Firma, in Anerkennung seiner Leistungen, nahm ihn nach Abschluß der Kur wieder auf. Z. Zt. bedrückt ihn der ärztliche Rat, nochmals eine mehrmonatige Kur durchzuführen. Der Betrieb wäre nicht in der Lage, ein zweites Mal längere Zeit auf seine Mitarbeit zu verzichten und müßte seinen Posten endgültig anderweitig besetzen. Ein drohender Rückfall ist für ihn also gleichbedeutend mit dem Verlust seiner Stellung und darüber hinaus seiner Existenz, denn der gesundheitliche Unsicherheitsfaktor würde ihn auch an einem neuen Arbeitsplatz begleiten.

---

[23] Eric *Wittkower*: A Psychiatrist looks at Tuberculosis, London 1949, S. 57.

In beiden Fällen machte die längere Arbeitsunterbrechung die Aufrechterhaltung einer selbständigen Existenz unmöglich. Der Expatient in einer leitenden Position kann nicht erwarten, daß der Arbeitgeber auf seine gesundheitlichen Schwankungen unbegrenzt Rücksicht nimmt.

b) *Ungelernte oder angelernte Arbeitskräfte*

Die ältere Angestellte war vor ihrer Erkrankung zehn Jahre lang bei der gleichen Firma beschäftigt gewesen. Nach zweijähriger Behandlungsdauer wurde sie von ihrem früheren Betrieb nicht wieder eingestellt, weil inzwischen eine jüngere und billigere Arbeitskraft ihren Posten übernommen hatte. Neben der tuberkulösen Labilität erschwert sowohl ihr Alter wie auch ihre einseitige, stark betriebsgebundene Berufserfahrung die Beschaffung eines neuen, geeigneten Arbeitsplatzes.

Der Hilfsarbeiter war vor seiner Erkrankung als Lagerist mit körperlich anstrengender Tätigkeit angestellt. Nach der Heilung blieben Bemühungen, eine leichtere Tätigkeit zu finden, die keine besonderen Qualifikationen verlangt, erfolglos.

Bei Angestellten der unteren Einkommensgruppen, und besonders bei weiblichen Angestellten, ist es oft schwer, die Grenze zwischen gelernten und ungelernten Berufen zu ziehen. Wie auch im Falle der Büroangestellten handelt es sich meist um angelernte Berufe, für die das In-der-Sackgasse-enden zur typischen Situation wird, sobald sie ein bestimmtes Alter erreicht haben, ohne in einem festen Wirkungskreis eine unentbehrliche und geschätzte Arbeitskraft geworden zu sein. Bei dem reichlichen Angebot von Arbeitskräften dieser Art gestaltet sich für sie die Arbeitsbeschaffung oft schwierig, weil sie trotz guter Arbeitsqualitäten weder die Vorzüge einer geringeren Entlohnung wie jüngere Jahrgänge, noch fachliche Qualifikationen aufzuweisen haben, die sie besonders begehrenswert machen. Liegt außerdem noch eine Teilarbeitsfähigkeit vor, so gestaltet sich ihre Position auf dem freien Arbeitsmarkt noch ungünstiger.

Hilfsarbeiter müssen sich weitgehend nach der Arbeitsmarktlage richten und fähig sein, von einer Tätigket zur anderen überzugehen, ohne hinsichtlich deren Art wählerisch sein zu können. Oft stehen ihnen nur anstrengende und schlecht bezahlte Notstandsarbeiten zur Verfügung, die eine kräftige Konstitution und stabile Gesundheit voraussetzen. Im übrigen liegt es in der Natur dieser Form der Erwerbstätigkeit, daß die Betreffenden eine „passive Berufseinstellung" haben; sie empfinden ihre Arbeit weniger als Beruf, sondern eher als eine Art patriarchalischer Zugehörigkeit zu einem Betrieb. Was sie tun, ist gleichgültig, so lange sie „beschäftigt" sind. Somit ist es erklärlich, daß Leistungsschwache und Teilarbeitsfähige innerhalb dieser Gruppe bei ihrer Rückkehr in das Erwerbsleben schwer zu überwindenden subjektiven und objektiven Hindernissen begegnen.

c) Gelernte Arbeiter und Angestellte

Der Facharbeiter ist von seiner Firma trotz zweimaliger Erkrankung mit jeweils langer Behandlungsdauer immer wieder aufgenommen worden. Infolge schwerer Krankheitsverläufe war seine Arbeitskraft empfindlich herabgemindert. Der Betrieb nahm auf ihn großzügig Rücksicht und beschäftigte ihn zunächst auf leichteren Posten. Nach einer Zeit der Einarbeitung und Gewöhnung bat er jedoch, an seinen alten Arbeitsplatz zurückkehren zu dürfen, der ihm subjektiv die geringsten Anforderungen zu stellen schien. An diesem ist er seit mehr als einem Jahr wieder tätig. Das Verhältnis zu seinem Arbeitgeber und seinen Arbeitskameraden ist sehr gut und auch deshalb ist er mit seiner Lage sehr zufrieden.

Seit seiner Rückkehr in das Erwerbsleben hat der Schreiner schon mehrfach seine Stellung wechseln müssen, konnte aber immer wieder Arbeit finden. Wegen seiner noch nicht gänzlich abgeheilten Tuberkulose gehört er jedoch meist zu den ersten, die bei den im Baugewerbe saisonbedingten Personaleinschränkungen entlassen werden.

Die erste Erkrankung des physikalischen Laboranten liegt mehr als fünfzehn Jahre zurück; seither hat er eine Kette von Rückfällen durchgemacht, von denen jeder ihn immer mehr schwächte. Zwischendurch hat er immer wieder eine Tätigkeit ausüben können und ist selbst heute, wenn auch mit größter Anstrengung, imstande, einer Teilbeschäftigung nachzugehen, die ihm wegen seiner beruflichen Kenntnisse und langjährigen Erfahrungen vermittelt werden konnte.

Im Gegensatz zu der Masse der ungelernten oder angelernten Arbeitnehmer haben die Facharbeiter den Vorteil einer abgeschlossenen Spezialausbildung. Auch wenn sie nicht mehr die „ganzheitlichen" Berufe im klassischen Sinn ausüben und Massenproduktion und soziale Entfremdung zu einer Entwertung der systematischen und vollständigen Berufsausbildung geführt haben, sind sie doch in vieler Hinsicht die Nachfolger der Handwerker alten Stils, von denen sie sich hauptsächlich durch Unselbständigkeit während ihres ganzen Arbeitslebens unterscheiden. Geblieben ist ihnen vielfach noch ein spezifisches Berufsbewußtsein und das Streben, sich im Rahmen ihres Wirkungsfeldes als individuelle Arbeitskraft abzuheben. All das trägt dazu bei, daß ihre Chancen auf dem Arbeitsmarkt fast zu allen Zeiten verhältnismäßig günstig sind. Unter diesen Umständen wird es auch Menschen mit gemindertem Leistungsvermögen leichter gelingen, geeignete Erwerbsmöglichkeiten zu finden. Das gleiche gilt von Arbeitsuchenden in den Angestelltenberufen, die als Vorbereitung auf den Beruf eine abgeschlossene Ausbildung, Spezialkenntnisse oder fachliche Erfahrungen mitbringen.

9. Berufsumstellung, Berufswechsel, Umschulung

Während die bisherigen Betrachtungen von der Möglichkeit ausgingen, eine Tätigkeit in der früheren Form wiederaufzunehmen, bleibt noch das Schicksal jener Expatienten zu betrachten, für die der Krankheitsausbruch gleichbedeutend ist mit der Entscheidung, den alten

Beruf aufgeben zu müssen. Fünf der interviewten Expatienten befanden sich in einer solchen Lage.

Um ihre wiedererlangte Gesundheit nicht zu gefährden, müssen die beiden Schlosser und der Elektriker ihre Existenz auf eine körperlich weniger anstrengende Tätigkeit aufbauen. Der Friseur und der Bäcker sind durch Bestimmungen im Interesse der öffentlichen Gesundheit von einer Weiterausübung ihres Berufs ausgeschlossen. Für sie alle liegt eine weniger einschneidende Umstellung auf einen artverwandten Beruf nicht im Bereich der Möglichkeiten, die normalerweise aus psychologischen und arbeitstechnischen Gründen einem radikalen Wechsel vorzuziehen ist.

Es ist verständlich, daß erwachsenen Menschen, die bereits einmal fest im Berufsleben gestanden haben und über das Alter der eigentlichen Ausbildungsfähigkeit hinaus sind, eine Umstellung, gleich in welcher Richtung, sehr schwer fallen muß. Nur in den allerseltensten Fällen, vielleicht wenn der frühere Beruf unbefriedigend war oder den Erwartungen und Fähigkeiten nicht entsprach, könnte die notwendige Umstellung eine willkommene Chance zur Neuorientierung bieten. Abgesehen vom Lebensalter spielen Intelligenzgrad, Ausdauer und Anpassungsvermögen, wie individuelle Entschlußkraft und Eignung eine wichtige Rolle, wenn das Vorhaben gelingen soll.

Immer aber werden körperliche und geistige Anforderungen an den Betreffenden gestellt, die über das hinausgehen, was ein tuberkulöser Expatient zu leisten imstande ist. Er wird in eine Situation hineingestellt, der er sich nicht gewachsen fühlt. Entscheidend ist jedoch, daß die Labilität des geheilten Tuberkulösen und die Abneigung, ihm einen Arbeitsplatz zu überantworten, auch in jedem neuen Tätigkeitsbereich bestehen bleiben. Nur in Ausnahmefällen wird sich ein grundlegender Wandel durch eine Berufsumstellung erreichen lassen.

Darüber hinaus besteht ein gewisser Unsicherheitsfaktor hinsichtlich der künftigen Erwerbsmöglichkeiten, die ein einzelner gar nicht übersehen und abschätzen kann, und die für den Expatienten in jedem Fall begrenzt sein werden. Wenn nach der herrschenden Arbeitsmarktlage das Angebot des in Aussicht genommenen Berufs die Nachfrage übersteigt, ist der Versuch, mit einer labilen Gesundheit in diese Konkurrenz einzutreten, von vornherein zwecklos. Hinzu kommen materielle Überlegungen zur Frage des Familienunterhalts während der Umstellungs- oder Übergangszeit, deren Dauer somit an Bedeutung gewinnt. Ein Familienvater wird es wahrscheinlich vorziehen, in seine alte Tätigkeit zurückzukehren und das Risiko eines erneuten Zusammenbruchs auf sich zu nehmen, statt unter großen Entbehrungen und Kosten für sich und seine Angehörigen auf gut Glück ein neues Arbeitsfeld zu erobern.

Insgesamt ist die Zahl der Befragten, die sich nach ihrer Genesung mit dem Gedanken trugen, aus gesundheitlichen Rücksichten den

Wiedereintritt in das Erwerbsleben auf neuer Grundlage zu vollziehen, zu groß, um in Einzeldarstellungen ausgebreitet zu werden. Einige wenige Beispiele mögen genügen, um die vorangegangenen Erörterungen zu erhärten.

Der Elektriker gestand, daß er nur mit großer Mühe einen Umschulungskursus erfolgreich abschließen konnte. Seine Mitschüler waren bedeutend jünger und wendiger als er. Freilich gelang es ihm bisher nicht, mit den neu erworbenen Kenntnissen eine Stellung zu bekommen, weil bei jeder Bewerbung die Tatsache seiner Erkrankung nicht zu verbergen ist und das lange Aussetzen bei den Arbeitgebern sofort Mißtrauen hervorruft.

Der ältere Schlosser hat sich an zwei Fortbildungslehrgängen des Arbeitsamtes beteiligt, um sich für den Posten eines Verwaltungsangestellten die notwendigen Kenntnisse anzueignen. Wie er erklärt, haben die Lehrgänge große Anforderungen in rein sachlicher Hinsicht an ihn gestellt, so daß er zeitweilig plante, „Nachhilfestunden" zu nehmen. Aus einer für ihn verhältnismäßig geeigneten Stellung wurde er nach der Währungsreform entlassen. Seither hat er wegen seines Alters (50 Jahre) und seiner über viele Jahre sich hinziehenden Krankheit keinen neuen Arbeitsplatz mehr finden können.

Beide Fälle machen deutlich, daß der Wert einer Umstellung insofern durchaus fragwürdig sein kann, als Teilarbeitsfähigkeit, lange Arbeitsunterbrechung, etwaige Anpassungsschwierigkeiten und Zurückhaltung der Arbeitgeber auf diese Weise nicht grundsätzlich behoben werden können. Je größer der Abstand zwischen früherer Art der Tätigkeit und der geplanten Erwerbsgrundlage, desto skeptischer sind die praktischen Aussichten zu beurteilen, die sich dem in seinen Fähigkeiten überforderten Expatienten bieten.

Zwei Expatienten, die sich dieser Problematik bewußt waren, haben sich zu einer Selbständigmachung entschlossen. Über Bemühungen, die in beiden Fällen zur Gründung eines eigenen Unternehmens führten, wird in einem späteren Abschnitt noch zu reden sein (vgl. S. 73).

Günstige Aussichten für eine erfolgreiche Umstellung bestehen in sozial eingestellten Betrieben mit größerer Belegschaft. Wenn einer ihrer Arbeitnehmer an Tuberkulose erkrankt und nach seiner klinischen Heilung wieder in den Arbeitsprozeß eingeschaltet werden kann, werden derartige Betriebe häufig in der Lage sein, Vorkehrungen zu treffen, um dem Genesenen den Übergang von Krankheit zu Gesundheit zu erleichtern, indem sie ihm einen geeigneten Arbeitsplatz zuweisen (vgl. „Werkseigene Tuberkulose-Fürsorge" (S. 99). Diese innerbetrieblichen Dispositionen und Umsetzungen setzen eine verständnisvolle Einstellung beim Arbeitgeber und einen umfangreichen Produktionsapparat voraus, dessen vielfältige Arbeitsverrichtungen individuelle Anpassungen erlauben.

In einem anderen Zusammenhang wurde bereits erwähnt, daß der Betrieb des Facharbeiters diesem gestattete, mehrere Arbeitsplätze zu erproben, bis die für ihn optimalen Arbeitsbedingungen gefunden worden waren.

Am Schluß dieses Abschnittes zur Frage der Berufsumstellung und Umschulung geheilter Tuberkulöser erscheint es wichtig, hervorzuheben, daß eine Reihe der zur Zeit des Interviews erwerbslosen Expatienten gar keine hochgespannten Wünsche und bestimmten Erwartungen in bezug auf Arbeitsmöglichkeiten haben. Sie sind sich der Grenzen ihrer Wiedereingliederung, die ihnen durch Labilität und Leistungsminderung gesetzt sind, vollkommen bewußt. Sie wären aber schon sehr glücklich, wenn sie eine gesellschaftlich nützliche Arbeit als Zugang zur Verbundenheit mit der sozialen Gemeinschaft erlangen könnten; sie möchten befreit sein von dem Gefühl gesellschaftlicher Isoliertheit und von dem Bewußtsein eines unnützen und unproduktiven Daseins.

Vier der gegenwärtig erwerbslosen Expatienten versprachen sich günstigere Arbeitsaussichten als unmittelbare Auswirkung der beginnenden Wiederaufrüstung. Wie sie meinten, würde es genug Posten geben, die keine hohen Anforderungen stellen und die auch von Teilarbeitsfähigen gut ausgefüllt werden könnten. Äußerungen dieser Art scheinen bezeichnend für die Situation des tuberkulösen Expatienten, weil in ihnen die Sehnsucht nach einem ungestörten, gleichbleibenden und gesicherten Arbeitsleben zum Ausdruck kommt, das außerhalb konjunktureller Schwankungen und Krisen, jenseits des individuellen Existenzkampfes und Wettbewerbs liegt, das, mit anderen Worten, jene schützenden Bedingungen bietet, unter denen der genesene Tuberkulöse hoffen darf, seine Gesundheit endgültig wiederzuerlangen.

10. Jugendliche Tuberkulöse und ihre besonderen Probleme

Die vorangegangenen Kapitel versuchten, die vielfältigen Problemstellungen aufzuzeigen, die sich sowohl unter dem Blickwinkel des einzelnen Expatienten wie auch vom allgemeinen wirtschaftlichen Standpunkt aus bei der Wiedereingliederung ergeben. Dabei blieb ein Aspekt bisher unberücksichtigt, bei dessen näherer Betrachtung der Mangel sinnvoller Rehabilitations-Maßnahmen besonders empfindlich spürbar wird und in seinen Folgen als beklagenswert bezeichnet werden muß.

Es handelt sich um die Lage jugendlicher Expatienten, für die nicht allein die heimtückische Art der Erkrankung einen Einschnitt in ihrem Leben bedeutet, sondern für die darüber hinaus der Zeitpunkt, an dem sie aus dem gesunden Leben herausgerissen werden, tragische Folgen für ihr gesamtes ferneres Schicksal hat. Unter den Befragten befanden sich zwei junge Tuberkulöse, deren Situation als typisch für eine große Zahl ähnlicher Fälle angesehen werden darf.

Der jetzt 22jährige Lehrling, Flüchtling aus Schlesien, erkrankte nach zwei Jahren Lehrzeit. Als er einige Jahre später wieder eine Tätigkeit ausüben konnte, meldete er sich bei seinem früheren Lehrbetrieb, um dort das dritte und letzte Lehrjahr nachzuholen und die Zulassung zur Gesellenprüfung zu erhalten. Der Betrieb hatte zu jenem Zeitpunkt keine freien Lehrstellen und lehnte seine Bewerbung auch für einen späteren Termin ab. Anläßlich seiner Rücksprache auf dem Arbeitsamt erfuhr er, daß für ihn die Aussichten auf eine Lehrstelle äußerst ungünstig seien. So lange er wegen tuberkulöser Rückfallgefahr nicht voll einsatzfähig ist, dürfte sich kaum ein Lehrherr bereit erklären, ihn für die Dauer nur eines Lehrjahres aufzunehmen. Eine weitere Schwierigkeit besteht darin, daß er über das eigentliche Lehrlingsalter hinaus ist und Anspruch auf eine entsprechend höhere Entlohnung hat. In der ärztlichen Beurteilung wäre es ratsam, einen anderen Beruf zu erlernen, und wenn möglich, die abgebrochene Ausbildung durch eine völlig neue in einem anderen Fach zu ersetzen.

Indessen hat dieser Lehrling anscheinend keinerlei Pläne, weder für den ursprünglich eingeschlagenen, noch für einen anderen Beruf. Im Laufe des Gesprächs war eine echte Bereitschaft, die Ausbildung abzuschließen, oder sich in irgendeiner anderen Form in den Arbeitsprozeß einzugliedern nicht erkennbar. Wie er meinte, hat er in den ersten beiden Lehrjahren nur wenig gelernt, weil ihm entweder nur allereinfachste Arbeiten überlassen oder unbequeme Aufgaben zugewiesen wurden. Er war enttäuscht, daß von behördlicher Seite keine besonderen Vorkehrungen getroffen werden, um ihm und anderen jungen Menschen in ähnlicher Lage den Abschluß der Lehre zu erleichtern oder eine geeignete Erwerbsmöglichkeit zu beschaffen.

Zusammen mit seinen Eltern, die beide berufstätig sind, bewohnt er Zimmer und Küche und kümmert sich tagsüber um den Haushalt. Seine übrige Zeit verbringt er damit, für sich eine Rente oder Unterstützung zu erlangen. Er befaßt sich mit Anträgen, Beschwerden und Rücksprachen bei Behörden, um sein Ziel zu erreichen. Da er noch nie in einem regelrechten Beschäftigungsverhältnis gestanden hat, muß er den Nachweis des „Existenzverlustes" bringen, ehe sein Fall überhaupt bearbeitet werden könnte. Nachdem er von der Fürsorge Wäsche und Anzug beantragt hatte, war er entrüstet, als ein Prüfer des Fürsorgeamtes in die Wohnung kam, um sich von seiner Bedürftigkeit zu überzeugen.

In seiner Stellung zu Staat und Gesellschaft und deren sozialen Institutionen läßt er sich mit einem ewig nur fordernden und nehmenden Sohn vergleichen. „Sie" — die anderen — und „ich" war die Formel seiner Grundhaltung, die von einer „abstrakten Feindseligkeit" gekennzeichnet war[24]. Sie kam auch darin zum Ausdruck, daß er als einziger der Expatienten sich vor Beginn des Interviews nochmals genau nach dessen Zweck erkundigte.

Dieser junge Mensch, der seit rund sechs Jahren keine geregelte Arbeit mehr kennt, ist, wie schon der kurze Kontakt mit ihm zeigte,

---

[24] Karl *Bednarik:* Der junge Arbeiter von heute — ein neuer Typ. Stuttgart 1953, S. 42.

auf eine Bahn geraten, auf der ein Abgleiten in die Nähe des Asozialen immerhin in den Bereich der Möglichkeiten gerückt zu sein scheint. Es darf als sicher angenommen werden, daß hier rechtzeitige Maßnahmen in Form von Lenkung und Gewöhnung vorbeugend hätten wirken können. Bei der gegenwärtigen Entwicklung scheint das Vakuum, das sich zwischen ihm und einem geordneten Erwerbsleben aufgetan hat, kaum noch überbrückbar.

Eine weniger alarmierende Entwicklung verband sich mit der tuberkulösen Erkrankung des Flüchtlingsmädchens.

Die jetzt 21jährige mußte als Volksdeutsche mit ihrem Vater aus Jugoslawien fliehen. Ihre Mutter war von Partisanen verschleppt worden. Anderthalb Jahre verbrachte sie in Barackenlagern, bis sie in der Nähe Heidelbergs eine ständige Bleibe fand. Während des Lagerlebens zog sie sich ihre Krankheit zu. — In Jugoslawien hatte sie nur sechs Jahre lang die Dorfschule besucht. Ihre allgemeine Intelligenz ist kaum durchschnittlich und ihre deutschen Sprachkenntnisse mangelhaft. Die Beschaffung einer Erwerbsmöglichkeit gestaltete sich schwierig, weil sowohl ihre unvollständige Heilung wie auch die mangelhafte Schulbildung und das Fehlen jeglicher Berufsausbildung oder -erfahrung zu berücksichtigen waren.

Im Laufe der Bemühungen, eine geeignete Tätigkeit zu finden, boten sich einige Arbeitsplätze an, die aber aus verschiedenen Gründen nicht in Betracht gezogen werden konnten. Die Arbeit einer Hausgehilfin ist körperlich zu anstrengend und verbietet sich besonders dann, wenn in der Familie Kinder zu betreuen sind. Die Einweisung in die Stellung in einen Betrieb der Nahrungsmittelindustrie wurde vom Gesundheitsamt nicht genehmigt. Die Aussicht auf eine frei werdende Lehrstelle in einer Schuhfabrik zerschlug sich, weil das Mädchen seinem Alter nach einen höheren als den üblichen Lehrlingslohn hätte erhalten müssen. Gemeinsamen Anstrengungen von behandelndem Arzt und Arbeitsamt war es schließlich zu danken, daß sie als ungelernte Metallarbeiterin für feinmechanische Montagearbeiten untergebracht werden konnte. Bisher hat sie sich an diesem Arbeitsplatz gut bewährt.

Psychologische Schwierigkeiten zeigten sich bei der Eingliederung in das Erwerbsleben in diesem Falle nicht. Trotz vieler mühseliger Jahre hatten sich bei dem jungen Mädchen keine ernstlichen Fehlhaltungen entwickelt. Sie zeigte sich für eine letztlich in ihrem Interesse liegende Beratung und Lenkung, die besonders vom behandelnden Arzt ausging, zugänglich, ja, dankbar.

Beide jungen Menschen, deren bisheriges Schicksal knapp geschildert wurde, sind in ihrer entscheidenden Entwicklungsphase von den turbulenten und verworrenen Verhältnissen unserer Zeit erfaßt worden, die in Millionen von Angehörigen der jungen Generation scharfe Spuren hinterlassen und sich oft genug verhängnisvoll ausgewirkt haben. Darüber hinaus sind sie durch eine Krankheit aus der Bahn geworfen worden, die sie möglicherweise ihr Leben lang begleiten wird. Sie sind zumindest noch für eine Reihe von Jahren nur teilweise oder nur unter schützenden Bedingungen arbeitsfähig und stehen dauernd unter dem Druck der Rückfallgefahr. Eine weitere wesentliche Behinderung für ihr ferneres Leben stellt die unvollkommene Schulbildung in dem einen, die abgebrochene Lehre in dem anderen Falle dar; im Wettbewerb mit Gleichaltrigen auf dem Arbeitsmarkt werden sie deshalb immer wieder zurückgedrängt werden. Beide stehen an der Schwelle ihres Eintritts in das soziale Gefüge, haben aber bisher kaum den materiellen und erst recht nicht den ethisch-sinngebenden Wert der Arbeit im menschlichen Leben kennen und schätzen gelernt.

Drei bis vier Jahre sind für junge, in der Entwicklung stehende Menschen eine entscheidende Zeit, in der sie unter normalen Bedingungen allmählich an Arbeit und Beruf herangeführt werden. Lehre, Berufsausbildung oder Arbeitsplatz müssen ihnen zur rechten Zeit Sicherheit und Halt bieten und sich zu Formen einer Bindung verdichten, die gleichermaßen verpflichtet und trägt. Der psychologische Akzent ist in seiner Tragweite fast stärker als der wirtschaftliche, weil die demoralisierende Wirkung einer langfristigen Untätigkeit beim Jugendlichen größere Angriffsmöglichkeiten findet als beim Erwachsenen, von dem man erwarten kann, daß er die Arbeit als Ordnungsprinzip bereits kennt. Nicht nur kommt es für den jungen Menschen zu latentem Qualitäts- und Kräfteverlust für die Zukunft, sondern es können sich auch persönlichkeitsgefährdende Nachwirkungen in Form von Gleichgültigkeit, Begriffsverwirrung und mangelndem sozialen Einordnungswillen einstellen.

Enttäuschungen, Mißerfolge und ungewollte Unterbrechungen in den Anfängen des Erwerbslebens gibt es immer und überall. Wenn aber die Bemühungen um die Ausbildungsstelle oder um den ersten Arbeitsplatz immer wieder vergeblich bleiben, wird das Streben nach einem existenzsichernden Beruf schließlich aufgegeben und von der Forderung nach Versorgung durch die Gruppe oder die Gesellschaft abgelöst. Wenn im entscheidenden Alter die Entfaltungsmöglichkeiten in der Arbeit und zur Arbeit fehlen, was in den beiden angeführten Fällen durch lange Krankheit verursacht wurde, besteht vielleicht zuerst keine Gelegenheit, dann keine Bereitschaft und schließlich keine Fähigkeit mehr, die Eingliederung in eine Leistungsgemeinschaft zu vollziehen. Das Problem der „sozialen Verkrüppelung" erhält für die durch Krankheit nicht zur vollen Entfaltung gelangten jungen Menschen ein um so stärkeres Gewicht[25].

---
[25] Vgl. Curt *Bondy* und Klaus *Eyferth*: Bindungslose Jugend, eine sozialpädagogische Studie über Arbeits- und Heimatlosigkeit. München-Düsseldorf 1952.

11. Arbeitsschicksal der Expatienten und gemeinsame Probleme

Um einen Überblick über das Arbeitsschicksal des interviewten Personenkreises zu gewinnen, müssen wir uns zunächst die besonderen Bedingungen nochmals vor Augen führen, unter denen alle Tuberkulösen der mittleren Patientengruppe in das Erwerbsleben zurückkehren.

Ihr Leistungsvermögen ist erheblich herabgemindert und ihre labile Gesundheit setzt sie einer anhaltenden Rückfallgefahr aus. Eine Übergangszeit, in der sie durch Eingewöhnung und gestuftes Training an die Anforderungen eines normalen Lebens herangeführt werden könnten, fehlt in der Regel völlig. Im freien Erwerbsleben an einen Arbeitsplatz gestellt, dessen Anforderungen für gesunde Kräfte bemessen sind, wird ihre Arbeitsleistung um so unstetiger sein, je ungeeigneter die individuellen Arbeitsbedingungen sind, und je mehr sie physisch und psychisch überfordert werden. Obwohl sie nur teilarbeitsfähig sind, kann man sie doch nicht als völlig erwerbsunfähig ansehen. Wenn es gelänge, sie in optimale Lebens- und Arbeitsbedingungen hineinzustellen, würde sich ihre Heilung zu einer Dauerheilung festigen lassen und sie könnten nützliche Glieder im Wirtschaftsprozeß werden, die ihren Lebensunterhalt teilweise oder ganz verdienen. Andererseits werden viele tuberkulöse Expatienten bei ihren Bemühungen um einen Arbeitsplatz immer wieder auf Widerstand stoßen, weil ihre Leistungsbehinderungen bekannt und oft genug in verzerrten Proportionen gesehen werden oder weil man sie als „Aussätzige" scheut.

Bis auf eine Ausnahme haben die zehn erwerbstätigen Expatienten einen Arbeitsplatz inne, an dem sie Leistungen vollbringen müssen, die denen gesunder und rückhaltlos verwendungsfähiger Kräfte entsprechen. In zwei Fällen haben subjektiv zu anstrengende Arbeitsbedingungen den erreichten Gesundheitszustand beeinträchtigt und in zwei weiteren droht Reaktivierung des tuberkulösen Prozesses, so daß vorbeugende Kuren angezeigt sind.

Nur zwei der jetzt beschäftigten Tuberkulösen hatten die Möglichkeit, in ihren alten Betrieb zurückzukehren. Für alle übrigen bedeutete das Ende der Kur die Suche nach einem neuen Arbeitsplatz. Vier Expatienten gelang es nur deshalb, eine Stellung zu bekommen, weil sie dem Arbeitgeber ihre soeben überstandene Erkrankung verschwiegen oder nur in einer harmlos klingenden Umschreibung angedeutet hatten — z. B. „Lungenschuß", „Rippenfellentzündung", u. ä.

Nur ein einziger Expatient fand eine Halbtagsbeschäftigung, die ihm angepaßte Arbeitsbedingungen bietet. Ein weiterer Expatient hat sich eine völlig neue Erwerbsgrundlage geschaffen, von der er sich wirtschaftliche Selbständigkeit erhofft.

Von den fünfzehn erwerblosen Expatienten waren zehn nach ihrer Erkrankung noch nicht wieder berufstätig gewesen. Die übrigen fünf waren entweder kurze Zeit nach Wiederaufnahme einer Arbeit erneut behandlungsbedürftig geworden oder wurden aus ihren Stellungen entlassen, wobei ihre Krankheit der eingestandene oder uneingestandene Kündigungsgrund war. Bei vier Expatienten wird die Arbeitsbeschaffung wegen zusätzlicher Behinderungen oder wegen vorgerückten Alters noch stärker erschwert.

Drei Expatienten rechnen damit, in Kürze einen Arbeitsplatz zu bekommen; darunter befindet sich ein Umschüler. Drei weitere Befragte können ihren früheren Beruf nicht wieder aufnehmen und vier müssen sich auf eine artverwandte Tätigkeit umstellen oder sind nur unter ganz bestimmten Bedingungen verwendungsfähig.

Zusammenfassend ist zur Wiederbeschäftigung der interviewten Expatienten zu sagen: Ihre Eingliederung in das freie Wirtschaftsleben bedarf einer viel gründlicheren Vorbereitung, Anlaufzeit und individuellen Hilfestellung, um sie letztlich in geeignete Arbeitsplätze einweisen zu können. Eine wesentliche Voraussetzung für das Gelingen der Wiederanpassung geheilter Tuberkulöser ist ein größeres Verständnis für ihre Lage in der Öffentlichkeit. Viele Enttäuschungen, Fehlschläge und Rückfälle wären zu vermeiden, wenn die Expatienten nicht gezwungen wären, ihre Schwäche vor den Gesunden zu verbergen, oder aus rein wirtschaftlichen Gründen eine verfrühte Arbeitswiederaufnahme zu riskieren. Für eine Reihe von ihnen wird es nicht möglich sein, auf dem freien Arbeitsmarkt geeignete Beschäftigungen zu finden — sei es, daß sie nur bei einer stark gekürzten Zeit oder für besonders leichte Arbeit verwendet werden können. Im letzteren Falle können Spezialwerkstätten, die den Erfordernissen der Teilarbeitsfähigkeit Rechnung tragen, Erwerbsmöglichkeiten bieten, mit denen sie ihren Lebensunterhalt ganz oder zum Teil verdienen können.

12. Zur wirtschaftlichen Lage der Tuberkulösen

Im Anschluß an die Untersuchung des Arbeitsschicksals geheilter Tuberkulöser muß es interessieren, über ihre wirtschaftliche Lage etwas zu erfahren. Fast von selbst tauchen Fragen auf, wie die nach ihrer Versorgung während und nach der Behandlung, nach dem Lebensstandard, der die Dauer des Heilungserfolges entscheidend beeinflußt, nach dem Verdienst im neuen Beruf oder in einer Teilbeschäftigung, und nach etwaigen zusätzlichen Beihilfen.

Mit der „Verordnung über Tuberkulose-Hilfe vom 8. September 1942" war eine Vereinheitlichung in der Tuberkulosebekämpfung im wesentlichen erzielt worden. Sie umfaßte nicht allein Heilbehandlung und Pflege des Kranken, sondern auch die wirtschaftliche Fürsorge für die Familie während der Behandlungszeit. Die Landesfürsorgeverbände versorgten den nichtversicherten Teil der Bevölkerung. Versicherungspflichtige Arbeitnehmer und Rentenempfänger wurden durch das „Tuberkulose-Versorgungswerk der Rentenversicherung" vom 1. April 1943 und einem ergänzenden Erlaß des Reichsarbeitsministers vom 3. Juni 1944 in die Tuberkulosenbekämpfung einbezogen. Nach 1945 konnten die Bestimmungen der Tuberkulosehilfe und des Tuberkuloseversorgungswerkes nicht im vollen Umfange aufrechterhalten werden, da es an erforderlichen Geldmitteln fehlte. Fast jedes Land der Bundesrepublik hat in Anpassung an die Zeitverhältnisse Abänderungen vorgenommen, so daß gegenwärtig weder eine einheitliche Regelung besteht, noch die ursprünglichen Forderungen im vollen Umfang verwirklicht werden können[26]. Die langwierigen Verhandlungen über den Entwurf eines neu zu schaffenden einheitlichen Gesetzes über die Tuberkulosehilfe haben kürzlich zu einer Gesetzesvorlage beim Bundestag geführt[27].

Wenn wir uns den entsprechenden Angaben der interviewten Expatienten zuwenden, wird sofort klar, daß hinsichtlich einer angemessenen wirtschaftlichen Versorgung der Patienten und ihrer Familien noch zahlreiche Aufgaben einer dringenden Lösung bedürfen. Dies gilt sowohl für die Zeit während der Behandlung soweit es die abhängigen Familienangehörigen betrifft, wie auch für die Zeit nach der Entlassung, in der ein Überbrückungsgeld bis zur Wiederaufnahme einer Arbeit für einen längeren Zeitraum als bisher gewährt werden müßte; schließlich wäre eine Teilrente für solche Expatienten vorzuschlagen, die nur einer Teilbeschäftigung mit entsprechend geringerem Verdienst nachgehen können[28].

Alle befragten Expatienten betonten, daß sie sich während ihrer Erkrankung und nach der Entlassung aus der Kur erhebliche und keineswegs unbegründete Sorgen um ihr wirtschaftliches Auskommen gemacht haben.

Wie der Kraftfahrer erklärte, mußte er sich während des Heilstättenaufenthaltes zwingen, die Sorge um das finanzielle Auskommen seiner Familie beiseite zu schieben, um den Behandlungserfolg nicht zu beeinträchtigen. Seine Angehörigen konnten die materiellen Schwierigkeiten während dieser Zeit nur mit Hilfe verwandtschaftlicher Unterstützung meistern.

Der Facharbeiter berichtete, daß Frau und Tochter während seiner langen Erkrankung in eine akute Notlage gerieten. Bei seiner Rückkehr war der dringende Bedarf der Familie an notwendigster Kleidung und an Hausrat so groß, daß er fast unverzüglich und ohne Rücksicht auf seine Schwäche in

---

[26] Tuberkulose-Jahrbuch 1951/52, a.a.O., S. 31.
[27] Vgl. Bundesrat-Drucksache Nr. 370/55 vom 11. November 1955.
[28] Konrad *Sixt:* Tuberkulosehilfe einst und jetzt. Tuberkulose-Arzt, 8. Jg., H. 8, August 1954, S. 502 ff.

seinen Betrieb zurückkehrte. Erst nach einem Jahr und nicht ohne gesundheitliche Rückschläge sei es ihm gelungen, die Lage wieder ins Gleichgewicht zu bringen.

Auch alle übrigen Expatienten, die die Verantwortung für den Unterhalt von Angehörigen tragen, stimmten darin überein, daß man sich leichteren Herzens zu einer Kur entschließen und die Erfolgsaussichten für die Behandlung steigen würden, wenn die Gewißheit bestände, daß der Unterhalt der Familie in der Zwischenzeit gesichert ist. Schon manche Kur wurde vorzeitig abgebrochen, weil die Sorge um die Familie dem Patienten keine Ruhe ließ. Die Höhe der gegenwärtig gewährten Unterstützungen, die heutzutage wohl kaum mehr durch eigene Ersparnisse ergänzt werden können, liegt teilweise unter einem zumutbaren Existenzminimum und steht jedenfalls in scharfem Gegensatz zum Ziel und Zweck der Tuberkulosebehandlung.

Der Mehrzahl klinisch geheilter Tuberkulöser wird über einen längeren Zeitraum eine zusätzliche Unterstützung von DM 30 bis DM 60 monatlich gewährt. Sie soll dem Genesenen besonders gute Ernährung und Pflege ermöglichen, um den Heilungserfolg zu stabilisieren. In Anbetracht der heutigen Lebenshaltungskosten ist dieser Betrag nicht sehr groß. Im übrigen wird man Verständnis dafür haben, wenn diese Beihilfen dem Patienten nicht allein, sondern seiner ganzen Familie zugutekommen.

„Meine Frau kocht für uns alle gleich, wie es unsere finanziellen Verhältnisse eben erlauben. Was immer auf den Tisch kommt — es ist für uns alle da; ich würde es niemals dulden, daß ich extra gute Verpflegung bekomme." — „Butter können wir uns heute ebensowenig leisten wie früher, dafür reicht die Beihilfe nicht aus."

Bei einer Betrachtung der finanziellen Lage der erwerbslosen Expatienten zeigt sich, daß ihre Versorgungslage recht uneinheitlich ist; je nach Kostenträger werden verschiedene Maßstäbe angewandt.

Die junge Kontoristin, die vor ihrer Erkrankung erst kurze Zeit tätig war, wie auch der Lehrling haben keinen Anspruch auf Arbeitslosenunterstützung. Im Rahmen der Tuberkulosehilfe erhielten sie für einige Monate eine Beihilfe von DM 60,—. Da beide keine anderweitigen Einkünfte haben, wäre ohne die Unterstützung der Eltern ihre Lage unhaltbar.

Der Hilfsarbeiter erhält für sich und seine Familie mit vier kleinen Kindern DM 49,80 Arbeitslosenfürsorge wöchentlich, zuzüglich DM 30,— Ernährungsbeihilfe im Monat.

Während in diesem Falle sechs Personen mit etwa DM 230,— monatlich auskommen müssen, bezieht die alleinstehende ältere Büroangestellte DM 73,— Angestelltenversicherung und DM 60,— Tuberkulosebeihilfe im Monat, also fast die Hälfte der Unterstützung für den Hilfsarbeiter und seine Familie.

Wieder ein anderes Bild ergibt sich bei den Empfängern sogenannter kumulierter Sozialleistungen.

Als Kriegsbeschädigter erhält der Optiker für sich und seine Familie mit zwei Kindern DM 240,— Kriegsversehrtenrente monatlich, dazu DM 120,— monatlich aus der Angestelltenversicherung, insgesamt also DM 360,—.

Die geringe Höhe der einzelnen Sozialleistung, auf die nach den Schätzungen der bekannten Untersuchung Mackenroths[29] etwa die Hälfte aller Sozialleistungsempfänger für den Lebensunterhalt angewiesen ist, wird in ihrer ökonomischen und sozialen Wirkung gemildert durch kombinierte Unterstützungen. Indessen liegt wahrscheinlich auch der durch Kombination erreichte Einkommensstand nicht über einem möglichen oder sozial gerechtfertigten objektiven Bedürfnisminimum, wie angesichts eines unübersehbar gewordenen Apparats von sozialen Leistungen gern angenommen wird[30]. Denn auch die Kombinationsempfänger können in den Nettobeträgen der kumulierten Leistungen nur Sätze erreichen, die durch gesetzliche Anrechnungsbestimmungen nach oben hin begrenzt sind[31].

Die stark schwankende Bemessung sozialer Leistungen — ihr „Hasard-Charakter"[32] — tritt in zwei Fällen besonders deutlich hervor.

Das Flüchtlingsmädchen bezog vor Übernahme ihrer jetzigen Tätigkeit eine monatliche Kriegsversehrtenrente von DM 180,—. Dieser Betrag entspricht einem Arbeitseinkommen von etwa DM 230,—, das von ihr in einer Anfangsstellung und angesichts ihrer unzureichenden Kenntnisse wohl kaum erreicht worden wäre. Der Betrag steht auch im Gegensatz zu den Bezügen ihrer Schicksalsgenossen, unter denen sich Ehepaare und mehrköpfige Familien befinden, die mit etwa gleich hohen Unterstützungsbeträgen auskommen müssen.

Der Betrieb des Bäckers wurde mit Beginn seiner Krankheit vor sieben Jahren stillgelegt. Er unterliegt der Abgabe für den Lastenausgleich. Mit diesen Verpflichtungen geriet der Bäcker immer mehr in Rückstand, weil seine einzigen Einnahmen in der Versehrtenrente von etwa DM 170,— bestehen. Diesen Betrag verwendet er Monat für Monat in voller Höhe für die Tilgung seiner Schulden beim Fiskus. Den Lebensunterhalt für sich und seine Familie liefern die relativ geringen Einnahmen aus einem Kolonialwarenladen, den seine Frau betreibt, und dessen Umsatz durch die nahebei eröffneten Filialen großer Lebensmittelkonsume laufend zurückgeht. Lange Zeit standen den drei Personen DM 100,— monatlich für ihren Lebensunterhalt zur Verfügung. Wiederholte Eingaben bei Behörden, um diesem ungewöhnlichen Zustand abzuhelfen, bei dem der Staat mit der einen Hand gibt, was er mit der anderen sogleich wieder nimmt, sind bisher erfolglos geblieben.

---

[29] Gerhard *Mackenroth:* Die Verflechtung der Sozialleistungen. Ergebnisse einer Stichprobe. Schriften des Vereins für Sozialpolitik NF Bd. 8, Berlin 1954, S. 49.

[30] Über die nach dem Individual- und dem Familienprinzip kumulierten Sozialleistungen wird erst der noch zu veröffentlichende zweite Teil der sog. „L"-Enquête Aufschluß geben können.

[31] So Gerhard *Mackenroth,* a.a.O. — Aus dem ersten Teil der „L"-Statistik geht jedoch hervor, daß auch trotz der Kürzungsbestimmungen der Nettobetrag bei Mehrfachbezug beträchtlich steigt.

[32] Gerhard *Mackenroth,* a.a.O., S. 36 u. S. 31.

Hier scheint einer jener zahllosen Fälle vorzuliegen, die eines „Sozialanwaltes" bedürfen, um zu einer vernünftigen Regelung zu gelangen. Denn abgesehen von der Unorientiertheit der Amtspersonen, die nur ihre eigenen Ressorts übersehen können, ist keine amtliche Stelle verpflichtet, den einzelnen darauf aufmerksam zu machen, wie er aus einem Wirrwarr von Bestimmungen und Paragraphen die für seinen Fall günstigsten Anwendungsmöglichkeiten herausfinden kann.

Überblickt man die Ausführungen zur wirtschaftlichen Lage der erwerbslosen Expatienten in ihrer Gesamtheit, so kann man sich des Eindrucks nicht erwehren, daß ihre Versorgung unzulänglich ist und an wesentlichen Erfordernissen vorbeigeht. Dies gilt besonders dann, wenn es sich um tuberkulöse Familienväter handelt, deren Angehörige durch sehr geringe Bezüge ebenfalls in Mitleidenschaft gezogen werden.

Wie kaum oft genug betont werden kann, ist die Heilung des Tuberkulösen meist nur eine Defektheilung. Der Genesene verfügt über keinerlei Reserven, er ist gesundheitlich noch gefährdet und braucht noch lange Zeit Pflege und Schonung. Es ist deshalb widersinnig, Expatienten, die mit einem großen Kostenaufwand wiederhergestellt worden sind, und mit deren Erwerbsbefähigung vielleicht nicht innerhalb weniger Wochen und Monate, aber doch in ein, zwei oder drei Jahren gerechnet werden kann, sich mit notdürftigen Beträgen durchhelfen zu lassen, bei denen von guter Ernährung und Pflege kaum die Rede sein kann. Anstatt ihnen zu helfen, ihre erworbene Leistungsfähigkeit nicht nur zu erhalten, sondern noch weiter zu verbessern, wird ihnen durch Sorgen und Entbehrungen die „Chance" genommen, aus der Gruppe der teilweisen Erfolgsfälle in die der endgültigen „Gewinner" zu gelangen.

Bei dieser Sachlage ist es verständlich, wenn eine Reihe der interviewten Expatienten, deren Versorgung während ihrer Erwerbslosigkeit für ihren Lebensunterhalt nicht ausreicht, ihre Einkünfte durch Neben- oder Schwarzarbeit aufzubessern. Angaben über Art der Tätigkeit oder Umfang solcher Nebeneinnahmen wurden nicht gemacht; in unserem Zusammenhang genügt die Feststellung, daß es vielfach notwendig ist, auf diese Weise den Lebensunterhalt zu ergänzen.

Werfen wir nun einen Blick auf die wirtschaftliche Lage der Expatienten, die zur Zeit des Interviews einer geregelten Beschäftigung nachgingen, so verfügen alle über ein Arbeitseinkommen, daß der Art der ausgeübten Tätigkeit, ihrem Verdienst vor der Erkrankung und den üblichen Lohnverhältnissen entspricht. Allerdings wurden auch von ihnen einige grundsätzliche Überlegungen vorgetragen, die sich der Sache nach in den Rahmen der Erörterungen des vorliegenden Abschnittes einfügen.

Zwei jüngere Expatienten und Familienväter sind mit ihrer gegenwärtigen beruflichen Lage nicht zufrieden, weil ihnen keine Aufstiegsmöglichkeiten und keine Aussicht auf Gehaltsverbesserungen geboten werden. Beide gehören der „verlorenen Generation" an, die nur Militärdienst, Gefangenschaft und Flüchtlingsdasein, Krankheit und Kampf um die nackte Existenz kannten, als sie in die Lage versetzt wurden, ohne rechte Ausbildung in einen Beruf einzutreten und eine Familie zu gründen. Beide möchten „vorankommen", „etwas werden", und beide glauben, daß ihre Arbeitgeber ihnen nicht die gewünschten Entfaltungsmöglichkeiten bieten. Wegen ihrer Tuberkulose werden sie nicht als vollwertige Arbeitskräfte angesehen und nicht an den Platz gestellt, den sie glauben ausfüllen zu können und an dem sie ihre Vorgesetzten von ihrer wirklichen Leistungsfähigkeit überzeugen wollen. Daher tragen beide sich mit dem Gedanken einer beruflichen Veränderung und möglichen Selbständigmachung.

Dieses Gefühl, unverdientermaßen in ihrem beruflichen Streben eingeengt zu sein, ist bei jüngeren Menschen natürlich und verständlich. In vielen Fällen ist es nicht allein die mit dem Aufstieg einhergehende Einkommensverbesserung, sondern die Tatsache, daß in einem neuen Tätigkeitsfeld Anforderungen an ihre wahren Fähigkeiten gestellt werden, die zu erfüllen ihnen eine Befriedigung ist. Bei Expatienten besteht indessen leicht die Gefahr, daß sie ihr Leistungsvermögen überschätzen und Aufgaben übernehmen, die wegen zu großer Belastung zu gesundheitlichen Rückschlägen führen. Nach den Plänen zu urteilen, die von diesen beiden Expatienten vorgetragen wurden, scheint eine solche Gefahr nicht ausgeschlossen zu sein.

Eine weitere Frage wurde von Expatienten aufgeworfen, deren Tuberkulose auf Kriegseinwirkungen zurückzuführen ist und die auf eine Versehrtenrente Anspruch haben. Nachdem sie sich mit Erfolg um einen Arbeitsplatz bemüht haben, werden ihre Versorgungsansprüche auf das Arbeitseinkommen angerechnet, so daß ihr Gesamteinkommen nur DM 60 bis DM 100 monatlich mehr beträgt, als sie bei völliger Untätigkeit ohnehin erhalten würden. „Lohnt es sich für uns überhaupt, einen Beruf auszuüben?" „Für den kaum ins Gewicht fallenden finanziellen Vorteil mühen wir uns ab, anstatt durch weniger anstrengende Schwarzarbeit das gleiche Resultat zu erzielen, oder überhaupt nicht zu arbeiten und ausschließlich unserer Gesundheit zu leben."

Hier rühren wir in der Tat an einen Punkt, der gegenwärtig von höchst aktueller Bedeutung ist und der letztlich in die heftige Diskussion für und wider den „Wohlfahrtsstaat" einzubeziehen wäre. Die Problematik einer geringen Differenz zwischen Rentenbezug und Arbeitseinkommen ist keineswegs auf Tuberkulöse beschränkt. Der „negative Anreiz" zur Arbeit hat sich in der modernen Sozialpolitik zu einem Datum von volkswirtschaftlich und sozialethisch größter Tragweite entwickelt. Nicht jeder wird von sich behaupten können, daß er „die Arbeit braucht, um leben zu können", wie es drei Expatienten taten, die den Verdienst aus einer geregelten Arbeit dem etwa gleich hohen Rentenanspruch vorziehen. Sie finden es jedoch ungerecht, wenn der Staat „zur Strafe" für die Berufstätigkeit anerkannt Erwerbsgeminderter einen zu Recht bestehenden Anspruch einschränkt oder aufhebt. „Aus dem Krieg, in den wir für den Staat gezogen sind, kamen wir als halbe Menschen zurück. Wenn wir aus eigener Initiative und Kraft unsere Lage zu verbessern suchen, indem wir uns in den Wirtschaftsprozeß einschalten, darf uns die von Rechts wegen zuerkannte Entschädigung nicht vorenthalten werden. Auf dem Wege der vom Einkommen abzüglichen Steuern verschaffen wir dem Staat ja noch zusätzliche Einnahmen, die er wiederum in soziale Leistungen für andere umsetzen kann."

Die Frage, ob und inwieweit Versorgungsprinzip und Entschädigungsprinzip zu bejahen sind, kann in dem abgesteckten Rahmen dieser Arbeit nicht erörtert werden. Indessen wird der Verdienende der unteren und mittleren Einkommensgruppen, besonders wenn er selbst nur beschränkt arbeitsfähig ist, mit Recht an der Gerechtigkeit einer Regelung zweifeln, die ihn aus seinem Arbeitseinkommen Mittel für eine „zweite Einkommensverteilung"[33] aufbringen läßt, mit der es Nichtarbeitenden vielleicht ermöglicht wird, sich der Verpflichtung zur Arbeit zu entziehen.

Die liebgewonnene Illusion, daß die Reichen für die Armen zahlen, ist schon lange überholt. Die Konzeptionen, von denen die „klassische" Sozialgesetzgebung einst ausging, sind infolge der Wandlungen innerhalb der Gesellschaftsstruktur nicht mehr anwendbar. Heute trägt jeder einzelne Staatsbürger mit seinem Arbeitseinkommen zu einem Umsetzungsprozeß bei, durch den ein schnell wachsender Personenkreis, der auf die Dauer oder vorübergehend ohne normale Erwerbschancen ist oder auf Grund anderer sozialer Tatbestände als unterstützungsbedürftig gilt, mitversorgt wird. Die Sozialgesetzgebung, die ursprünglich den sozial schwächeren Teil der Bevölkerung gegen Not schützen sollte, hat „im historischen Nacheinander einzelner Versuche, neu auftretenden Risiken zu begegnen[34]", nicht nur eine große Vielfältigkeit sozialer Leistungsarten entwickelt, sondern zum Teil ihren Sinn in einer Weise umgekehrt, „daß wir heute nicht den Einzelnen sichern müssen aus dem Überfluß der Gesamtheit, sondern auch die Gesamt-

---

[33] Hans *Achinger*: Soziale Sicherheit, eine historisch-soziologische Untersuchung neuer Hilfsmethoden. Stuttgart 1953, S. 61
[34] Hans *Achinger*: Zur Neuordnung der Sozialen Hilfe. Konzept für einen Deutschen Sozialplan. Stuttgart 1954, S. 29.

heit schützen zu müssen meinen gegen die andrängende Not und die Ansprüche der Einzelnen"³⁵.

Zu einem Zeitpunkt, da die Grundlagen der Sozialpolitik und der von ihr geschaffenen Sicherungen neu durchdacht werden, um zu einer „Reform an Haupt und Gliedern"³⁶ zu gelangen, müssen die Belange des Einzelnen wie der Allgemeinheit gegeneinander abgewogen werden. Wenn für soziale Leistungen rund 20 %/o des deutschen Sozialproduktes aufgewandt werden, so ist es zweifellos nicht damit getan, die öffentlichen Ausgaben weiter zu erhöhen und das System der Systemlosigkeit noch mehr auszubauen. Noch vor kurzem vermochte kein Fachmann zu sagen, wie viele Renten- und Unterstützungsempfänger mit Hilfe eines gigantischen Apparats versorgt werden³⁷, und dennoch sind bei denen, die auf soziale Hilfe angewiesen sind, berechtigte Wünsche offen geblieben.

Die Hauptschwierigkeit bei der Neugestaltung der sozialen Sicherheit liegt in der Harmonisierung zweier Tendenzen, die essentiell auseinanderstreben: Die Standardisierung der Notstände und Hilfsmaßnahmen ist bei einem auf breiter Grundlage durchgeführten Hilfsprogramm unumgänglich. Sie steht im Gegensatz zu dem Bestreben einer möglichst individuellen, an soziologisch wesentliche Besonderheiten anknüpfenden Behandlung, die die Wiederherstellung der eigenen Lebenschancen des Hilfsbedürftigen zum Ziel hat, anstatt sich in der Zahlung von Renten zu erschöpfen.

Für die Rehabilitation Tuberkulöser und eine nach ihren individuellen Bedürfnissen differenzierte Hilfeleistung gilt es, einen elastischen Rahmen zu schaffen, der es ermöglicht, nicht allein den Einzelfall sinnvoll zu betreuen, sondern auch den Schwankungen, die der Lage des klinisch geheilten Patienten eigentümlich sind, jeweils gerecht zu werden. Für die Wirkung einer allgemeinen Sozialgarantie ist die sich immer weiter ausbreitende Gedankenlosigkeit bezüglich der Arbeitsbeschaffung für geschwächte oder gefährdete Arbeitskräfte kennzeichnend. Auf diese wird voreilig und schematisch der Begriff der Invalidität oder Erwerbsunfähigkeit angewandt, der den Sachverhalt nur zum Teil deckt, und sie werden von Wirtschaft und Gesellschaft vor allem deshalb so schnell abgeschrieben, weil ihnen einmal eine Rente versprochen worden ist, so kümmerlich sie auch sein mag. Eine Neuregelung, die produktiven Hilfsmaßnahmen größeres Gewicht beilegen will, muß darauf hinstreben, soziale Hilfe in allererster Linie auf die Wiederherstellung der eigenen Lebenschancen abzustellen und sich durch

---

[35] Viktor *v. Weizsäcker*, a.a.O., S. 10.
[36] Gerhard *Mackenroth*, a.a.O., Vorwort.
[37] Die inzwischen veröffentlichten Ergebnisse des ersten Teils der „L"-Statistik beziffern die Zahl der Renten- und Unterstützungsempfänger auf 10,4 Mill. (Wirtschaft und Statistik, 6. Jg., H. 12, Dezember 1954).

größere Anpassungsfähigkeit von dem bisherigen Hilfssystem zu unterscheiden.

Die Frage nach wirtschaftlicher Sicherung einerseits und Rückführung in den Wirtschaftsprozeß andererseits verlangt schließlich die Berücksichtigung der Lage jener Expatienten, die nur einer Teilbeschäftigung nachgehen können. Wie schon die Befragung eines so kleinen Personenkreises beweist, ist ihre Zahl beträchtlich. Nach gesundheitlichen Gesichtspunkten kann die Mehrzahl der erwerbslosen Expatienten und auch eine Reihe der gegenwärtig beschäftigten Expatienten nur eine verkürzte Arbeitszeit ableisten, weil ein achtstündiger Arbeitstag auf die Dauer zum Nachteil der Betreffenden führt.

Geht man davon aus, daß das Arbeitseinkommen eines gesunden Menschen in den durchschnittlichen Einkommensschichten nicht unwesentlich über den für einen notwendigen Lebensbedarf erforderlichen Betrag hinausgeht, so wird eine Verminderung des Einkommens um 30 %/o oder 50 %/o infolge Teilarbeit eine empfindliche Einbuße im Lebensstandard zur Folge haben und nicht selten an die Grenze des Existenzminimums heranreichen, besonders dann, wenn der Teilverdienst für den Lebensunterhalt einer mehrköpfigen Familie ausreichen soll.

Der physikalische Laborant, dessen Einkommen in früheren Jahren recht gut war, hat jetzt eine Halbtagsbeschäftigung, in der er nur DM 60,— monatlich mehr verdient, als die Fürsorgeunterstützung für ihn und seine Familie ausmachen würde.

In einem Runderlaß zu der bereits angeführten und nur bedingt rechtskräftigen Verordnung über Tuberkulose-Hilfe heißt es: „Die ausreichende wirtschaftliche Fürsorge ist ein wesentlicher Bestandteil der Tuberkulosehilfe. Eine unzureichende Hilfe gefährdet den Heilerfolg, besonders wenn Halbtags- oder Leichtarbeit Einschränkungen der Lebensverhältnisse zur Folge haben[38]."

Eine Hilfsbedürftigkeit tuberkulöser Expatienten liegt demnach auch dann vor, wenn ihr Verdienst aus einer Teilbeschäftigung für den Lebensunterhalt nicht ausreicht. Durch die Gewährung von Teilrenten ließe sich eine wirksame Abhilfe schaffen. Der genesene Tuberkulöse kann durch seinen Wiedereintritt in das Erwerbsleben nur dann zu einer ihm gemäßen Vitalsituation gelangen, wenn sein verringertes Arbeitseinkommen durch zusätzliche Unterstützung ergänzt wird, und wenn er andererseits nicht veranlaßt wird, seine Teilarbeitsfähigkeit brachliegen zu lassen, weil es keine gesetzliche Handhabe gibt, den entsprechend geringeren Verdienst durch Einkommenshilfen aufzubessern. Mit einer Teilrente bei gleichzeitigem Arbeitseinkommen aus

---

[38] Rolf *Griesbach*: Die Tuberkulose-Bekämpfung. Grundlagen und Weg zu einer einheitlichen und erfolgreichen Durchführung. 2. Aufl., Stuttgart 1948, S. 20 f.

einer Teilbeschäftigung bedeutet er überdies eine wesentlich geringere Belastung für den Sozialetat als ein Empfänger, der ausschließlich auf Rentenleistungen angewiesen ist. Ein neu auszuarbeitendes Tuberkulosehilfe-Gesetz wird deshalb der Gewährung von Teilrenten besondere Beachtung zu schenken haben.

13. Selbsthilfe — theoretisches Prinzip und praktische Anwendung

Im Zusammenhang mit den vorangegangenen Erörterungen zur Frage der sozialen Hilfe wurde angedeutet, daß die geheime Sprungfeder einer gesunden Gesellschaft zu zerbrechen droht, wenn die Sozialpolitik mit ihren Maßnahmen eine bestimmte Grenze überschreitet. Der Weg einer extremen sozialen Betreuung ist geeignet, den Anreiz zu persönlicher Leistung, zu individueller Initiative und zur Selbstverantwortlichkeit zu unterdrücken. Die gegenwärtige gesellschaftliche Entwicklung, die den Bürger des modernen Massenstaates in zunehmendem Maße zu einem „Sozialuntertan" macht, führt dazu, die Selbsthilfe als Prinzip und als Haltung zu verschütten.

Selbsthilfe im sozialen Bereich bedeutet Sorge für die eigenen Bedürfnisse und Überwindung von Not und Schwierigkeiten mit eigenen Kräften und eigenen Mitteln. Ausgangspunkt der Selbsthilfe ist der einzelne Mensch als die kleinste Einheit im gesellschaftlichen Aufbau. Im Rahmen der ihm zur Verfügung stehenden Möglichkeiten soll er das bewirken, was er aus eigener Kraft und eigener Verantwortung zu leisten vermag. Für die Bewältigung der Aufgaben in seinem Lebensbereich ist dem Einzelnen zunächst die Familie zugeordnet, der sich räumlich oder aufgabenmäßig bedingte, spontane oder organisierte Gemeinschaften anschließen, um ihm bei unverschuldeten Schicksalsschlägen und Notlagen beizustehen[39].

Die geistigen Wurzeln der individuellen Eigenständigkeit als gesellschaftsordnendes Prinzip gehen zurück auf das Naturrechtdenken, nach dem es der Würde eines jedes Menschen entspricht, nicht nur für sein Leben, sondern auch für seinen Anteil am gesellschaftlichen Dasein die Verantwortung zu übernehmen. Diese Auffassung wurde durch die materialistisch-sozialistischen Postulate des 19. Jahrhunderts weitgehend verdrängt, und nachdem im 20. Jahrhundert die staatliche Fürsorge die freiwillig-private Hilfe im zunehmenden Maße abzulösen begann, wurde es für den Einzelnen selbstverständlich, sich unmittelbar an den Staat um Hilfe zu wenden. Die vielfältigen Möglichkeiten seiner sozialen Institutionen werden seither benützt und ausgenützt ohne Bedürfnis nach eigener Verantwortung und Selbstbehauptung und ohne von der Vorstellung bedrängt zu werden, daß es dem Sozialkörper —

---
[39] A. F. Utz, Hrsgb.: Das Subsidiaritätsprinzip. Sammlung Politeia, Heidelberg, 1953, S. 10.

und damit auch wieder dem Einzelnen — zum Nachteil gereichen könnte.

Damit soll nicht die Forderung nach einer „sozialpolitischen Abdankung des Staates" erhoben werden[40]. Wie die Sozialpolitik des Staates nicht entbehren kann, so kann der Staat nicht auf ein Gebiet verzichten, an dem er um seines eigenen Bestandes willen und zum Wohle seiner Mitglieder interessiert sein muß. Vielmehr handelt es sich darum, das Verhältnis zwischen Staat und Einzelpersönlichkeit anders zu sehen, als jene Generation, die einst um die Grundlagen staatlicher Sozialpolitik bemüht war.

Die Absolutheit des Selbsthilfeprinzips darf indessen nicht darüber hinwegtäuschen, daß in einer durchorganisierten Gesellschaft seine Anwendungsmöglichkeiten erheblich begrenzt sind. Es muß daher relativiert werden und kann nur als Richtlinie maßgebend sein. „Der irreversible Verlust individueller Autonomie und individueller Daseinsformen geht einher mit einer wachsenden Abhängigkeit des Individuums vom Staat, der für den Schutz des Lebens und die Interessen seiner Mitglieder die Verantwortung trägt." Die Abhängigkeit des modernen Menschen gründet in der Tatsache, daß der Staat zum Träger der „Daseinsvorsorge" geworden ist. Um in einer Hinsicht frei zu sein, wird man in anderer Hinsicht wieder abhängig. „Der souveräne Staatsbürger ist zu einem Interessenvertreter am Staat herabgesunken[41]."

Zur Überwindung der modernen Antithetik Individuum—Staat bietet sich das „humane Subsidiaritätsprinzip"[42] als eine natürliche Fortsetzung und Ausgestaltung des Selbsthilfeprinzipes an.

Was über die Fähigkeiten des Einzelnen hinausgeht, soll nicht sogleich auf den Staat als das mächtigste soziale Gebilde abgewälzt werden. Achinger meint, der Begriff der sozialen Sicherheit habe viel dazu beigetragen, den Anschein zu erwecken, als ob der Einzelne völlig abstrakt und isoliert den Notlagen gegenübersteht, die, wenn nicht von ihm, nur von der Staatsinstanz zu beheben sind. „Dabei scheint das staatstheoretische Erbe der Aufklärung" mitzusprechen, so fährt er fort, in der man geneigt war, Individuum und Staat als die beiden Komponenten zu betrachten — den Staat als die Summe der Individuen —, ohne die Zwischenglieder im gesellschaftlichen Aufbau zu berücksichtigen[43]. Allerdings dürfte es eher der der Aufklärung vorangehende Absolutismus gewesen sein, der zu diesem Abhängigkeitsgefühl dem Staate gegenüber den Anstoß gegeben hat.

---

[40] Ludwig *Heyde*, a.a.O., S. 156.
[41] Ernst *Forsthoff*: Allgemeine Staatslehre, Vorlesung WS 1952/53, Heidelberg.
[42] Alexander *Rüstow*, in: Wirtschaft ohne Wunder, Zürich 1953, S. 105.
[43] Hans *Achinger*, a.a.O., S. 13.

Selbsthilfe — theoretisches Prinzip und praktische Anwendung

Das Subsidiaritätsprinzip betrifft die grundsätzliche Ordnung gesellschaftlicher Zuständigkeiten hinsichtlich der Hilfeleistungen. Es läßt sich am besten mit dem Bild konzentrischer Kreise veranschaulichen, in denen das Individuum den Mittelpunkt bildet, um den sich Familie, Nachbarschaft, Berufsverbände, Genossenschaften, Gemeinde und weitere soziale Gebilde sinnvoll herumgruppieren[44]. Der engere Lebenskreis ist in den weiteren Bereich so eingefügt, daß dieser mit seiner hilfsweisen Zuständigkeit erst später zum Zuge kommt. Die jeweils kleinere soziale Einheit ist vor der größeren nicht nur berechtigt, sondern auch verpflichtet, ihrer Lage Herr zu werden. Erst wenn die eigenen Anstrengungen nicht ausreichen, greift die sozial nächsthöhere Instanz subsidiär ein. Indem sie die unzulänglichen Kräfte oder Mittel der kleineren Gemeinschaft ergänzt, sorgt sie dafür, daß diese in der Lage bleibt oder wieder in die Lage versetzt wird, ihre wesenseigenen Funktionen zu erfüllen. Demnach kann die Delegation der Zuständigkeit von unten nach oben durchaus auch vorübergehender Natur sein.

Wenn wir nach diesen allgemeineren Überlegungen unseren Blick wieder auf das Schicksal der tuberkulösen Expatienten im besonderen hinwenden, so ist festzuhalten, daß sie nur in engen Grenzen ihre gesundheitlich bedingte Lage meistern können. Der Übergang von der medizinischen Heilung in das normale Leben ist mit Anforderungen verbunden, denen sie in der Regel nicht gewachsen sind. Sie brauchen eine Hilfestellung, die die Voraussetzung für ihren Willen und für ihre Fähigkeit zur Selbsthilfe erst schaffen muß.

Ihre unzureichenden Kräfte und Möglichkeiten können durch die verschiedenartigen und verschiedenwertigen Maßnahmen der Rehabilitation, wie sie im letzten Teil dieser Arbeit aufgeführt werden, ergänzt und gefördert werden. Dabei ist diese Hilfestellung wie ein Mitgehen mit dem Expatienten zu gestalten, bei dem ihm Selbstverantwortung und Ermessensfreiheit nicht abgenommen werden dürfen. Die seinem Zustand angemessenen schützenden Lebensbedingungen werden dazu beitragen, ihm wieder zu einer gesellschaftlich-wirtschaftlichen Unabhängigkeit zu verhelfen.

Da die Rehabilitation mit Geldmitteln allein nicht zu bewältigen ist, müssen private, örtliche und kommunale Hilfsaktionen mit „subsidiärem" Charakter hinzutreten, bei denen das individuell-persönliche Moment — die „helfende Beziehung"[45] — im Vordergrund steht. Eine wichtige Rolle fällt hierbei den Selbsthilfeorganisationen zu, die auf dem Wege der Organisation und Improvisation für das hilfsbedürftige Individuum wesentliche Aufgaben lösen helfen können.

---

[44] A. F. *Utz*, a.a.O., S. 87.
[45] Hertha *Kraus*, a.a.O., S. 49.

Einige Expatienten berichteten eingehend von Bestrebungen zur Verbesserung ihrer Lage, die ihrem Wesen nach in den Bereich der Selbsthilfemaßnahmen fallen und unter diesem Blickwinkel hier eingefügt zu werden verdienen.

Der kriegsversehrte Schlosser bewohnt seit Jahren mit seiner vierköpfigen Familie zwei Zimmer in einem sehr alten, aus Felsblöcken erbauten Haus, dessen ständige, übermäßige Feuchtigkeit sich außerordentlich schädlich auf seine Gesundheit auswirkt. Da seine Bemühungen um eine geeignetere Wohnung erfolglos blieben, plant er nunmehr den Bau eines eigenen Häuschens auf einem Grundstück, das ihm vor längerer Zeit auf dem Erbwege zufiel. Die Finanzierung des Projekts wird von einer privaten konfessionellen Hilfsorganisation übernommen unter der Bedingung, daß er die Bauarbeiten selbst ausführt. Mit Rücksicht auf seinen Gesundheitszustand hat sich sein Bruder bereit erklärt, diese für ihn zu übernehmen.

Hier ist dank ineinandergreifender Hilfestellung auf freiwilliger, privater Grundlage eine Lösung gefunden worden, um die Lebensbedingungen eines Expatienten zu verbessern.

Zwei weitere Expatienten haben mit großer Tatkraft den Aufbau einer neuen Existenzgrundlage in Angriff genommen, von der sie sich eine günstige Beeinflussung ihrer labilen Gesundheit erhoffen.

Der Optiker entschloß sich wegen der gesundheitsschädigenden Arbeitsbedingungen in seinem eigentlichen Beruf zum Aufbau einer Hühnerfarm. Solange der Lebensunterhalt für ihn und seine Familie durch eine Kriegsversehrtenrente gedeckt war, konnte er sich den langwierigen und viel Sorgfalt erfordernden Vorarbeiten zuwenden. Die recht kostspieligen Anschaffungen und Einrichtungen wurden mit Darlehen aus dem Verwandtenkreis finanziert. Alle Arbeiten auf der jetzt mehrere hundert Hühner umfassenden Farm versieht er selbst zusammen mit seiner Frau. Die Rentabilität des Betriebes, der eine lange Anlaufzeit erfordert, wird sich erst jetzt herausstellen; doch rechnet der Expatient damit, daß bei der zu erwartenden Minderung und späteren Fortfall seiner Rente nach wiedererlangter Gesundheit die Einnahmen für den Lebensunterhalt der Familie ausreichen werden.

Der Laborant, der sich mit Rücksicht auf seine außerordentlich geschwächte Gesundheit nicht mehr imstande fühlt, selbst einer Teilbeschäftigung nachzugehen, weil sie an feste Arbeitszeiten gebunden ist, plant, mit Hilfe seiner Frau einen Heim-Textilbetrieb aufzuziehen. Das notwendige Anfangskapital wurde ihm von zwei früheren Mitpatienten zur Verfügung gestellt, die schon wieder im Erwerbsleben stehen und ihn uneigennützig in seinen Bemühungen unterstützen möchten.

In beiden Fällen sehen wir Beispiele für die Möglichkeiten privater Hilfeleistungen, die aus den sozial engeren Lebensbereichen hervorgegangen sind. Daneben läßt sich ein weiteres Moment erkennen, in dem man einen Beweis für die von Schelsky vertretenen Thesen von der Stabilität der Familie und dem zunehmenden innerfamiliären Gewicht der Hausfrau erblicken könnte[46], oder das, was Achinger den „Sorgeverband der Familie" nennt. Es ist die weitgehende und sehr

---

[46] Helmut *Schelsky*, a.a.O., S. 307.

aktive Beteiligung der Ehefrauen beider Expatienten an der Sicherung der Existenzgrundlage. Auch hier ist in einer „partnerschaftlichen Familienverfassung" die Belastung der Frau mit Aufgaben und Verantwortung für die Gesamtfamilie außerordentlich gesteigert worden. Als Reaktion auf die Gefährdung durch ein soziales Schicksal ist im Zeichen einer „Binnenkonsolidierung" der Familie ihre Solidaritätsfunktion als ökonomische Einheit auch hier stark in den Vordergrund getreten. Ohne auf die gesamtgesellschaftlichen Auswirkungen solcher Tendenzen an dieser Stelle einzugehen, ist dieser familiäre „Durchsetzungswille" und die familiäre „Gruppensolidarität" im Hinblick auf die Anerkennung des Selbsthilfeprinzips als positives Symptom zu bewerten[47].

14. Die Stellung des Tuberkulösen in der Gesellschaft

Das Bild von der Situation des Tuberkulösen bei seiner Rückkehr in die Gemeinschaft der Gesunden wäre nicht vollständig, wollte man nicht seiner Stellung innerhalb der Gesellschaft Aufmerksamkeit schenken. Sie betrifft einen bestimmten Blickwinkel in den Wechselbeziehungen zwischen Patient, Krankheit und Umwelt, die im einleitenden Teil der Arbeit (vgl. S. 35) hervorgehoben wurden, und die durch den Faktor der Ansteckung entscheidend bestimmt werden.

Auf die große Schwierigkeit, die Ansteckungsfähigkeit Tuberkulöser eindeutig zu umreißen, wurde bereits im Zusammenhang mit den zwischenmenschlichen Beziehungen am Arbeitsplatz hingewiesen (vgl. S 56 f.). Es sei daran erinnert, daß alle interviewten Expatienten zu den sogenannten geschlossenen Fällen gehören, gegen deren Verwendung im freien Wirtschaftsleben mit Rücksicht auf die öffentliche Gesundheit keine Bedenken bestehen.

Alle therapeutischen Erfolge auf dem Gebiet der Tuberkulose-Bekämpfung haben nichts daran ändern können, daß die Furcht vor Ansteckung mit unverminderter Heftigkeit im öffentlichen Bewußtsein fortbesteht. Es kann an dieser Stelle nicht untersucht werden, wie weit Aufklärungsaktionen zu einer teilweise übertriebenen Bazillenangst beigetragen haben mögen. Stark vereinfachende und vergröbernde Gedanken, die als Parolen an ein breites Publikum appellieren sollen, sind jedenfalls geeignet, die Tendenz zur Zurückhaltung ehemaligen Tuberkulösen gegenüber am Leben zu erhalten. Dem Laien ist nicht bekannt, daß es verschiedene Formen und Grade tuberkulöser Erkrankungen gibt, die von unterschiedlicher Ansteckungsgefährlichkeit für die Umgebung sind.

---

[47] Helmut *Schelsky*, S. 290, 75, 178, 335.

Die Folge kategorialer Verallgemeinerungen ist eine Diskriminierung und Diffamierung des Expatienten, die vielfach im groben Mißverhältnis steht zu ihren Ursachen. Die unfairen Chancen, die für ihn sich sehr konkret auswirkenden Benachteiligung bei der Wiederaufnahme früherer Beziehungen und gewohnten Lebensweise begleiten ihn auf Schritt und Tritt.

Die psychologische Wirkung des isolierenden Druckes von außen ist fast noch stärker. Sie wird als innere Aussonderung und Aussperrung deutlich von den Betroffenen empfunden.

Etwa die Hälfte der interviewten Expatienten wußte von diesem „sozialen" Aspekt ihrer Erkrankung zu berichten. Nach der Entlassung aus der Kur wurden sie von Freunden und Bekannten gemieden, die zuvor üblichen Besucher blieben aus und in der Nachbarschaft war man offensichtlich bemüht, ihnen aus dem Wege zu gehen.

„Am besten ist es, man läßt sich nichts anmerken und versucht, sich nichts daraus zu machen", meinte ein Expatient. „Die Leute sind ja dumm, man darf es ihnen nicht übelnehmen, wenn sie keine Unterschiede zwischen den Tuberkulösen machen", erklärte ein anderer. „Irgendwie hat man doch das Gefühl, ein Paria zu sein", gestand einer, dessen Krankheit im ganzen Ort bekannt geworden war.

Angesichts ihrer Lage scheint der Begriff der „Peripheren" eine recht treffende Bezeichnung für die Expatienten zu sein[48], denn die von dem tuberkulösen Schicksal Heimgesuchten sind an die Peripherie ihres sozialen Daseins gestellt worden. Ihre Zugehörigkeit zur sozialen Gemeinschaft ist gelockert oder gestört durch ein Verhältnis besonderer Distanz. Die Stellung innerhalb ihres Milieus ist in der Tat von einer „Wolke des Unausgesprochenen und Mißverständlichen beschattet"[49].

In einem Falle übertrug sich die Distanzierung der Umwelt auf das zehnjährige Töchterchen eines Expatienten in der Schule, dessen Klassenkameraden von ihren Eltern angehalten worden waren, nicht mit ihr zu spielen. Das Mädchen selbst ist gesund und hat von jeher in der Familie mit dem wiederholt krank gewesenen Vater zusammengelebt.

Ein anderer Expatient, dem mit Frau und Kind nur ein Zimmer bei Verwandten zur Verfügung steht, hat sich bisher gescheut, beim Wohnungsamt als wohnungssuchend aufzutreten; er könnte seine Krankheit angeben, um vielleicht bevorzugt berücksichtigt zu werden. Aber: „Ich will nicht, daß mein Leiden aktenmäßig festgehalten wird und mich wie ein rotes Tuch überall hin begleitet."

Ähnliches berichtete ein weiterer Expatient, der mit seiner Familie provisorisch bei Bekannten untergebracht war. Da alle seine Bemühungen, eine andere Wohnung zu bekommen, erfolglos blieben, veranlaßte er seinen Hauswirt, pro forma eine Räumungsklage einzureichen. Das zuständige Wohnungsamt mußte ihn darauf hin in ein gemeindeeigenes Haus einweisen, weil kein privater Vermieter bereit war, ihn aufzunehmen.

---

[48] Ernst *Grünfeld*: Die Peripheren. Ein Kapitel Soziologie. Amsterdam 1939.

[49] Ernst *Grünfeld*, S. 70.

Die Stellung des Tuberkulösen in der Gesellschaft

Der circulus vitiosus, der von der Furcht vor der Ansteckung ausgelöst wird, und der die Gesellschaft zu einem Verhalten oder Handeln bestimmter Art veranlaßt, setzt sich fort in bestimmten Verhaltensweisen des tuberkulösen Expatienten selbst. Das Gefühl von der Gesellschaft als Außenseiter betrachtet zu werden, ein Paria ohne Daseinsberechtigung zu sein, erzeugt bei ihm als instinktive Reaktion eine Abwehrstellung.

Die Angst vor dem Bekanntwerden seiner Krankheit treibt ihn immer wieder zu Verheimlichungen und kleinen Betrugsmanövern den Mitmenschen gegenüber. Erinnern wir uns nur daran, daß verschiedene Expatienten allein deshalb einen Arbeitsplatz erhielten, weil sie ihre Tuberkulose verschwiegen. Der Genesene weiß nur zu gut, welche Wirkung der Name seiner Krankheit, der von jeher ein Odium anhaftete, bei den meisten Gesunden auslöst. Sich als Aussätziger behandelt zu sehen, auch nur in den feinsten Andeutungen einer Spannung, ist das, was ihn empfindlich trifft und was er unter allen Umständen zu vermeiden trachtet. Wenn das Bekanntwerden seiner Krankheit schon einmal unmittelbar oder mittelbar zum Verlust von Arbeitsplatz oder Wohnung, zur Entfremdung guter Freunde geführt hat, müssen diese Verschleierungsbemühungen um so verständlicher erscheinen.

„Nur bei solchen Menschen, die selbst einmal eine Tuberkulose durchgemacht haben, kann man auf Verständnis rechnen. Bei Gesunden wird man immer wieder auf eine Gummiwand von Ablehnung, Vorurteil und Mißtrauen stoßen", faßte eine Expatientin ihre Erfahrungen zusammen, deren Tuberkulose selbst im Scheidungsprozeß als Argument angeführt worden war.

Die periphere Stellung der tuberkulösen Expatienten hat indessen nicht dazu geführt, daß sie den Charakter einer sozialen Gruppe von eigener Prägung angenommen hätten. Wen sie von „unserer" Krankheit sprechen, oder das Wort „wir Tb-zisten" fällt, so mangelt ihnen doch das Pathos der Geschlossenheit, der gemeinsamen Aktion. Es wurde bereits erwähnt, daß sie jede noch so lockere Bindung mit ihren Schicksals- und Leidensgenossen ablehnen (S. 43) und bestrebt sind, ihre Krankheit und alle Begleitumstände und Folgerungen aus ihrem Bewußtsein zu eliminieren. Aus dem gleichen Grunde stehen sie jedem organisatorischen Zusammenschluß, zu welchem Zwecke auch immer, skeptisch gegenüber. Auch in der Anonymität möchten sie nicht an eine Öffentlichkeit herantreten, von der sie bestenfalls Mitleid, aber kein Verständnis erwarten. Nur wenn der Anstoß von außen durch einige energische Verfechter ihrer Sache gegeben wird, die in mühseliger und geduldiger Kleinarbeit zur Verbesserung ihres Loses die Führung übernehmen, werden sie nach einigem Zögern bereit sein, an der Verwirklichung der von ihnen erstrebten Ziele mitzuwirken.

In der vorangegangenen Untersuchung sind zwar Individualitäten in die Analyse einbezogen worden, doch haben ordnende Gesichtspunkte die Tendenz zu Verallgemeinerungen hinsichtlich des Schicksals tuberkulöser Expatienten gewahrt. Nachdem die Untersuchung die Aufgabe erfüllt hat, die Vielfalt der Probleme und ihrer Schattierungen bei der Wiedereingliederung von geheilten Patienten auszubreiten, steht diese Arbeit nunmehr vor der Notwendigkeit, auch über die Folgen der aufgedeckten Tatbestände und die weiteren Entwicklungsmöglichkeiten Aussagen zu machen. Diese sind einem dritten und letzten Teil vorbehalten, in dem von der Therapie im umfassenden Sinne die Rede sein wird.

C. Die Therapie

Die unzweckmäßige Praxis, Tuberkulöse monate-, manchmal jahrelang aus öffentlichen Mitteln in Sanatorien zu pflegen und unter optimalen Lebensbedingungen an die Heilung heranzuführen, um sie nach einem so großen Aufwand unvermittelt in diametral entgegengesetzte Verhältnisse zu entlassen, wurde in den letzten Ausführungen deutlich. Dieselbe Allgemeinheit, die die kostspieligen Kuren finanziert, weiß nichts von der Hilfsbedürftigkeit des geheilten Tuberkulösen und ist desinteressiert an seinem Schicksal, sobald er das Sanatorium verlassen hat. Derjenige Mensch aber, dem es nicht gelingt, aus eigener Kraft die Entwicklung, Pflege und Erhaltung seiner Arbeitskraft zu erreichen, ist für die Gesellschaft hilfsbedürftig. Diese Hilfsbedürftigkeit des Expatienten ist nicht als Status zu verstehen, sondern als Prozeß, dem durch sinnvolle Maßnahmen leicht eine Wendung zu voller Selbständigkeit gegeben werden kann.

Das Hauptgewicht dieser Hilfsbedürftigkeit des tuberkulösen Expatienten liegt auf der Rückkehr in ein sozial nützliches und ihn befriedigendes Dasein. Er muß erlöst werden aus seiner Rolle eines Almosenempfängers, eines Kostgängers der Gesellschaft. Die schrittweise Anpassung an eine Arbeitsbelastung, die Bereitstellung geeigneter Arbeitsmöglichkeiten und die Gewährleistung einer Übergangszeit unter schützenden Bedingungen wird nicht nur dem vom Schicksal unverschuldet Getroffenen zum Segen gereichen sondern die Last, die er und seine Leidensgenossen der Gesellschaft aufbürden, wird eingeschränkt und der Tuberkulose-Morbidität entgegengewirkt.

Die Wiedereingliederung in das Erwerbsleben wird sich verschiedener Maßnahmen bedienen müssen, die dem jeweiligen Stadium der Hilfsbedürftigkeit angepaßt sind, und deren Ziel die Wiederherstellung der eigenen Lebenschancen, der individuellen Selbständigkeit ist. In ihren Grundsätzen mögen diese vielfältigen Rehabilitationsmaßnahmen anerkannt sein, doch haben sie in der Praxis nur vereinzelt und lückenhaft Eingang gefunden. Der Grund hierfür dürfte nur teilweise in den eklatanten Heilerfolgen der letzten Jahrzehnte zu suchen sein. Das Zögern erklärt sich auch aus der Mühe, Geduld, Verständnis und guten Willen für die Verwirklichung von Projekten zu finden, deren positive Ergebnisse nicht nach der kameralistischen Methode zu errechnen sind, und die erst nach Jahren den offenkundigen und überzeugenden Beweis ihrer Bewährung erbringen können.

Die Teilgebiete der Rehabilitation sollen nun in der Reihenfolge, in der sie dem Tuberkulösen zugute kommen können, abgehandelt werden.

1. Die Heilstättenfürsorgerin

Für die Betreuung des Patienten während der stationären Behandlung bietet sich einer Heilstättenfürsorgerin ein großer und in Deutschland bisher noch vernachlässigter Aufgabenkreis. Der Tuberkulöse, der aus seinen gewohnten Lebensbedingungen jäh herausgerissen wurde und unversehens in einen Zustand der Abhängigkeit und Hilflosigkeit geraten ist, fühlt sich in seiner Fähigkeit, mit den eigenen Angelegenheiten fertig zu werden, weitgehend gestört. Die Schockwirkung der Diagnose und die psychisch-moralische Beeinflussung durch die Heilstättenatmosphäre wurden schon dargetan. Sorgen, Ungeduld und Unruhe bei seinen Gedanken an die zurückgebliebene Familie, an Beruf und Zukunft lassen ihn in seinem untätigen Dasein nicht mehr los.

„Es war keine Seele da, mit der man persönliche Probleme einmal hätte durchsprechen können. Man war wie abgeschnitten von der Außenwelt. Für mich war das Gefühl der Verlassenheit besonders schlimm, weil ich keine Verwandten hatte, die sich hin und wieder um mich hätten kümmern können. So viele Fragen beschäftigten mich, in denen ich keinen Rat, keinen Ausweg wußte. Die meisten Sorgen machte ich mir um die Zeit nach der Entlassung, denn ich wußte, daß sie für mich den Neubeginn aus dem Nichts bedeuten würde und ich von keiner Seite auf Hilfe rechnen konnte."

In diesem Zustand bedarf der Patient vor allem seelischer Lenkung und seelischen Beistandes. In einem Gespräch mit der Heilstättenfürsorgerin, die von Anfang an in die „Eröffnung einer Arbeitsgemeinschaft mit dem Patienten"[1] eintreten muß, kann er sich von dem auf ihm lastenden Druck befreien. Dem mitmenschlichen Nähebedürfnis und dem Verlangen, sein Herz auszuschütten, muß Rechnung getragen werden. Seiner Mutlosigkeit, seinen Zweifeln und Ängsten kann die Beraterin entgegenwirken.

Zugleich gilt es, zu verhindern, daß die Krankheit, die seinen Lebensplan umgestürzt hat, zum ausschließlichen Inhalt seines Denkens und Trachtens wird. Die Abziehung von der Beschäftigung mit dem eigenen Ich ist bei langwierigen Heilverfahren von außerordentlicher Wichtigkeit vor allem im Hinblick auf die Zukunft. Ein kleiner Teil der Patienten weiß sich während der Kur zu beschäftigen, ein anderer ebenso kleiner Teil kann unter keinen Bedingungen etwas mit sich anfangen, und der Großteil verbringt die Kurzeit unter dem Einfluß einer Umwelt, deren Beschäftigung und Interessen über die Fragen von „Essen, Fußballtoto und Entlassung oft nicht hinausgeht"[2]. Der Einfluß,

---

[1] V. v. *Weizsäcker*, a.a.O., S. 19.
[2] W. *Werrolt*, a.a.O.

den die Heilstättenfürsorgerin durch Anregungen und Anleitung der einzelnen Patienten ausüben kann, um dem eintönigen Dasein eine neue Richtung zu geben, ist einleuchtend genug.

Der mit der Leitung einer Heilstätte betraute Arzt kann Funktionen dieser Art nicht in dem wünschenswerten Umfang übernehmen. Er ist mit der fachlich-medizinischen Betreuung der Patienten und mit den organisatorisch-bürokratischen Anforderungen, die der Heilstättenbetrieb stellt, zu sehr in Anspruch genommen. Vor allem aber ist er zu sehr Autoritätsperson, dessen Visite das Ereignis des Tages bildet. Nur selten wird es möglich sein, zwischen ihm und dem „schlechthin abhängigen" Patienten eine Atmosphäre des Vertrauens herzustellen. Vieles bleibt ungesagt, weil der Patient sich scheut, mit unmedizinischen und dem Arzt wahrscheinlich gleichgültigen Dingen zu kommen; vielleicht auch, weil der Arzt sich nicht berechtigt fühlt, in die persönlichen Probleme des Patienten einzudringen und sich lieber in eine „wohlwollende Distanzierung" zurückzieht. Gewiß: „die persönliche Haltung des behandelnden Arztes ist aber schlechthin der Kern der Therapie und durch nichts zu ersetzen"[3]. Indessen kann man Karl Jaspers nur bedingt zustimmen, wenn er sagt, daß in einem im kirchlichen Sinne glaubensarmen Zeitalter der Arzt die Aufgaben des Priesters und Philosophen übernommen hat, weil er säkularisiert das tut, was früher auf der Glaubensgrundlage vollzogen wurde[4]. Als Gegenpol bleibt der Typ des Arztes, für den der Patient rein Objekt der Erkenntnis — ein „Fall" — ist, es bleibt die Gestalt des Hofrats Behrens im Zauberberg, dessen mangelndes Verständnis für die seelische Verwundung und die sittliche Verwirrung seiner Schutzbefohlenen erschrecken mußte.

Die „helfende Beziehung" der Heilstättenfürsorgerin fehlt dem Patienten vor allem dann, wenn er nach Überwindung des akuten medizinischen Stadiums an seine Pläne für die Zukunft nach der Entlassung denken sollte. Mit der Erörterung der späteren Erwerbsmöglichkeiten und Berufsaussichten kann nicht früh genug begonnen werden. Ratlosigkeit und Fehlentscheidungen lassen sich weitgehend vermeiden, wenn der Patient angeleitet wird, aus den vorübergehend eingeschränkten Gegebenheiten die besten Wege nach dem Sanatoriumsaufenthalt herauszufinden. Noch während der rezeptiven Ruhezeit muß sich der Patient ein Ziel setzen, das er auf dem restlichen Weg seiner Heilung vor Augen behält. Er soll lernen, mitzuarbeiten an der künf-

---

[3] *V. v. Weizsäcker*, a.a.O., S. 18.
[4] Karl *Jaspers*: Allgemeine Psychopathologie, 4. Aufl., Berlin 1946, S. 674. — Die Zitate werden hier angeführt, obwohl sie im Original auf den Nervenarzt bezogen sind.

tigen Gestaltung seines Lebens und einzutreten in die Klärung seiner Lage. Bei der Entlassung muß er einen bestimmten Plan haben für das Leben im Kreise der Gesunden, das von seiner eigenen Verantwortung abhängen wird.

Nicht zuletzt ließe sich durch eine psycho-hygienische Lenkung der Sanatoriumspatienten die Zahl der immer wieder auftretenden eigenmächtigen und disziplinarischen Entlassungen vermindern. Denn keineswegs immer entspricht mangelndes Einfügen in die Vorschriften und Daseinsformen des Heilstättenlebens ungeordneten oder gar asozialen Verhaltensweisen im freien Leben. Langeweile und Unbehagen des kollektiven Daseins, Ungeduld, Sorge und Heimweh nach den Angehörigen veranlassen hin und wieder auch tüchtige, pflichtbewußte und sich unauffällig verhaltende Menschen, vorzeitig und gegen ärztlichen Rat die Kur abzubrechen. Die „echten" Asozialen machen einen geringeren Prozentsatz dieser Entlassungen aus als bloße Zahlen darüber erkennen lassen.

2. Stellenvermittlung und Berufsberatung

Die Vorbereitungen für die Rückkehr in normale Lebensbedingungen, für die der Patient sich Rat bei der Heilstättenfürsorgerin holen kann, werden sinnvoll ergänzt durch Berufsberatung und Stellenvermittlung, die ihm nach Möglichkeit schon am Ort der Heilstätte zur Verfügung stehen sollten.

„Wann und wie trete ich an meinen früheren Arbeitgeber wieder heran", „was wird mich in meinem alten Betrieb erwarten", und „wie kann ich mir eine neue Stellung besorgen", sind Fragen, die eine Reihe der interviewten Expatienten vor ihrer Entlassung beschäftigten. Manche von ihnen, die fest mit der Möglichkeit rechneten, ihren alten Arbeitsplatz wiederzubekommen, erhielten noch in der Heilstätte die Mitteilung, daß man sie nicht wieder einstellen könne. Enttäuschung, Verwirrung und Ratlosigkeit sind die Folgen. Denn wie soll der Patient, fern von seinem Wohnort und noch abgeschnitten von der Möglichkeit persönlicher Bemühungen um einen neuen Arbeitsplatz Vorsorge treffen für eine neue Existenz?

Wochenlang schrieb die Sekretärin Bewerbungsbriefe an Arbeitsämter und Firmen in verschiedenen Städten, ohne eine einzige Antwort zu erhalten.

Der in einer Heilstätte sich aufhaltende Absender kann kaum erwarten, daß seine Anfragen berücksichtigt werden. Aus der Entfernung kann ein Teilarbeitsfähiger nicht hoffen, einen geeigneten Arbeitsplatz ausfindig zu machen.

In den Richtlinien des Deutschen Zentralkomitees heißt es: „Heilstättenkranke soll der Heilstättenarzt zusammen mit einem Vertreter der Berufsberatung oder der Arbeitsvermittlung des für die Heilstätte zuständigen Arbeitsamtes über ihre zukünftige Berufstätigkeit beraten, und zwar etwa sechs Wochen vor ihrer Entlassung. Das Ergebnis der Beratung wird umgehend dem Heimatarbeitsamt des Tuberkulösen zugeleitet."

Wiederum muß daran erinnert werden, daß es sich nur um unverbindliche Richtlinien handelt, von denen der Weg zur Verwirklichung in der Praxis noch weit ist. Die Zusammenarbeit zwischen Heilstätte und Arbeitsamt wird in mehrfacher Hinsicht erschwert. Die Vertreter des Arbeitsamtes haben „keine Zeit", die entlegenen Heilstätten aufzusuchen, oder sie scheuen sich aus Ansteckungsfurcht vor der tuberkulösen Umgebung. Der zeitraubende Schriftwechsel zwischen den Behörden am Heilstättenort und am Wohnort des Patienten werden um so weniger zu einem positiven Ergebnis führen, je mehr besondere Bedingungen an die Art der Tätigkeit geknüpft werden müssen. Der Bewerber selbst bleibt an diesem ganzen Vorgang unbeteiligt, da er sich weder beim Arbeitsamt seines Heimatortes noch bei einem interessierten Arbeitgeber vorstellen kann. Ist es einer öffentlichen Arbeitsvermittlung überhaupt möglich, einen Unternehmer auch unter menschlichen Gesichtspunkten anzusprechen, wie es bei der Stellenvermittlung von tuberkulösen Expatienten fast immer nötig sein wird? Für labile, leistungsbehinderte Arbeitskräfte ist eine bürokratische, schematisierte Vermittlung wenig erfolgversprechend.

Nicht viel besser ergeht es dem Patienten, der erst nach seiner Entlassung sich an die für ihn zuständigen Behörden wenden kann. „Die Zahl der leistungsschwachen Bewerber oder derjenigen, die nach gesetzlichen Bestimmungen bei der Zuweisung einer Beschäftigung bevorzugt berücksichtigt werden müssen, ist schon so groß, daß wir sie nur mit mancherlei Schwierigkeiten unterbringen können. Für ehemalige Tuberkulöse bestehen fast gar keine Aussichten" Immer wieder steht der in das Erwerbsleben zurückstrebende Expatient vor verschlossenen Türen. Seine Vermittlung ist nur durch geduldige Bemühungen und Berücksichtigung aller einschränkenden Faktoren zu erreichen.

Ein von privaten Selbsthilfe-Organisationen oder von einigen Heilstätten selbst geleiteter Vermittlungsdienst, der am Heilstättenort gelegen ist, verspricht von größerem Erfolg zu sein. Die Fähigkeiten des Patienten und ihre Verwendungsmöglichkeiten auf dem freien Arbeitsmarkt, seine Kenntnisse und Wünsche hinsichtlich der künftigen Tätigkeit erfordern den persönlichen Einsatz eines Vermittlers, der seine Bemühungen ausschließlich der Wiedereingliederung ehemaliger Tuberkulöser widmen und zugleich fachärztlichen Rat in Anspruch nehmen kann. In allen Fragen des beruflichen Fortkommens wird es möglich sein, den genesenden Patienten zu beraten und ihn vor übereilten Entschlüssen zu bewahren, die seine Gesundheit von neuem gefährden würden.

Aus der Schweiz wird von der erfolgreichen Stellenvermittlung eines Selbsthilfewerks berichtet. Von 656 Arbeitsuchenden wurden 406 = 61,9 % in Beschäftigungen eingewiesen, davon 283 in „normale" Arbeitsplätze, 111 in „Übergangsstellen" und 12 in Lehrstellen[5]. Ähnlich sind die Erfahrungen einer Schweizer Arbeitsheilstätte, die sich um die Unterbringung ihrer Patienten selbst bemüht und sie erst dann entläßt, wenn geeignete Arbeitsplätze für sie gefunden worden sind[6]. Auch eine deutsche Selbsthilfe-Organisation in Heidelberg hat die Vermittlung von Expatienten zu einem ihrer Hauptanliegen gemacht. Fünf der befragten Expatienten verdanken der Unterstützung und dem Beistand dieser Organisation ihre erfolgreiche Rückführung in das Erwerbsleben.

3. Arbeitstherapie und Arbeitsgewöhnung

Aus den Mitteilungen der interviewten Expatienten ging immer wieder hervor, daß der Übergang von Behandlung zu normalen Lebens- und Arbeitsbedingungen zu unvermittelt ist. Selbst wenn der geheilte Tuberkulöse sich noch einige Wochen nach der Entlassung schonen kann, so hat die lange Untätigkeit sein Arbeitsvermögen doch empfindlich herabgesetzt. Von seiner verbliebenen Leistungsfähigkeit kann er sich selbst kaum ein Urteil bilden, solange er keine Gelegenheit hat, sie zu erproben. Andererseits soll er bestrebt sein, die Rückfallgefahr durch ungeeignete Belastung nicht zu gefährden.

Diese große Lücke zwischen Krankheit und Gesundheit kann durch die Arbeitsgewöhnung, den Arbeitsversuch geschlossen werden. Von ärztlicher Seite wird der Wert einer Arbeitsbehandlung schon längst nicht mehr bestritten und auch in den Richtlinien des Deutschen Zentralkomitees heißt es: „Über die klinische Behandlung hinaus ist Arbeitsbehandlung in der Heilstätte erwünscht", die den Tuberkulösen „auf die Wiederaufnahme der Arbeit vorbereiten" soll. Dennoch fehlt es auch hier fast völlig an entsprechenden Einrichtungen und Möglichkeiten. In Westdeutschland bestehen gegenwärtig etwa drei oder vier Rehabilitationszentren dieser Art: eine Arbeitsheilstätte im Schwarzwald, eine Lehr- und Umschulungswerkstätte in Bayern und ein Werkstättenbetrieb eines nordwestdeutschen Tuberkulose-Krankenhauses sind mir aus persönlichem oder schriftlichem Kontakt bekannt.

In den meisten Fällen wird die Arbeitstherapie organisch in den Kurplan eingefügt sein und in enger Verbindung mit einer Mutterheilstätte durchgeführt werden. Sie spielt eine ganz entscheidende

---

[5] Deutsche Tuberkulose-Gesellschaft, Verhandlungsbericht der 14. wissenschaftlichen Tagung, Goslar, September 1952. Referat E. *Bachmann.* Beitr. z. Klin. der Tbk., 110 Bd., H. 1/2, Oktober 1953, S. 164.

[6] K. *Oppikofer:* Die Wiedereinführung der Tuberkulösen in den Arbeitsprozeß in der Arbeitsheilstätte Appisberg. Referat Bern 1951 (Sonderdruck).

Rolle in der Rehabilitation des Tuberkulösen und ist für seine wirtschaftlich-soziale Selbständigkeit im späteren Leben, wie auch für die Sicherung des Behandlungserfolges eine unerläßliche Phase.

Wie schon der Name sagt, ist die Arbeitsgewöhnung grundsätzlich von der Beschäftigungstherapie zu unterscheiden, die der Abwechslung und Ablenkung des Patienten im Sanatorium dient. Ihrem Wesen nach ist sie weniger Therapie durch Arbeit als Arbeit im Einklang mit dem Stadium der Therapie; sie kann begonnen werden, sobald der tuberkulöse Prozeß nicht mehr aktiv ist. Sie ist in mehrfacher Hinsicht dem Patienten förderlich.

Als pädagogischer Faktor trägt sie zur Wiedergewöhnung des Patienten an Ordnung und Regelhaftigkeit, an Stetigkeit und Ausdauer bei. Sie verlangt von ihm wieder ein Minimum an Konzentration und Selbstbeherrschung und konfrontiert den Verwöhnten und wählerisch Gewordenen mit der Zukunft.

In ihrer psychotherapeutischen Wirkung stärkt sie das Selbstvertrauen des Genesenden, hilft ihm, sich mit seinem Schicksal zu versöhnen, und sich erneut seinen Berufsinteressen zuzuwenden. Der Arbeitsversuch überwindet die leib-seelische Apathie des Patienten und stellt das Gleichgewicht her zwischen Sorglosigkeit und übertriebener Angst vor Belastungen.

Als physischer Belastungstest erhält und fördert die Arbeitsgewöhnung die Leistungsfähigkeit des Patienten, sie regt das darniederliegende Tätigkeitsbedürfnis an und lenkt es in sinnvolle Bahnen. Als Kräfteerprobung, Kräfteübung und Kräftesteigerung bietet sie einen experimentellen Anhaltspunkt für die optimal erreichbare Arbeitsfähigkeit und erleichtert damit die Aufgabe, während der Kur die Leistungsfähigkeit nach der Kur zu beurteilen. Wer darf arbeiten, wie lange und in welcher Form — dies sind Fragen, die im Verlaufe der Anpassungsperiode, die die Arbeitstherapie darstellt, ihre erste Klärung erfahren. Sie ermöglicht die engere Auswahl zwischen Patienten, die dem freien Arbeitsmarkt wieder zugeführt werden können und solchen, die nur unter besonderen, schützenden Bedingungen vermittlungsfähig sind.

Mit anderen Worten, die Arbeitsgewöhnung ist der entscheidende Punkt, an dem die medizinische Phase der Heilstättenkur in die soziale Phase des gesunden Arbeitslebens übergeht. Unter ärztlicher Aufsicht wird der Patient in gestufter und dosierter Belastung allmählich wieder angepaßt an die normalen Lebens- und Arbeitsbedingungen. „Mit der Arbeitstherapie behandeln wir nicht die Tuberkulose, sondern den tuberkulösen Menschen", um ihn tauglich zu machen für die Wiederaufnahme eines geregelten Erwerbslebens. Er soll erst dann entlassen werden, wenn er den Belastungen voraussichtlich besser gewachsen ist.

Um die beabsichtigten Wirkungen zu erzielen, muß die Arbeitstherapie nach Möglichkeit die Kriterien einer geregelten und produktiven Tätigkeit aufweisen, die Arbeitsumständen und Anforderungen im gesunden Leben entsprechen. Dazu gehört Einhaltung einer Arbeitsdisziplin, Überprüfung der Arbeitsleistung auf Qualität und Quantität und des Verhaltens des arbeitenden Patienten.

Mit Rücksicht auf den Patienten wiederum werden eine Reihe von Anforderungen an die Art der Arbeit zu stellen sein. Sie muß staubfrei, leicht erlernbar und rentabel und ohne oder mit nur geringen maschinellen Einrichtungen auszuführen sein.

Eine wesentliche Voraussetzung für das Gelingen der Arbeitstherapie und für ihre weitgehende Anwendung ist die rechtzeitige Aufklärung des Patienten in der Heilstätte. Er muß auf den Nutzen dieser Einrichtung frühzeitig hingewiesen werden. Der Tuberkulöse darf sich nicht als Behandlungsobjekt fühlen, das man in ein Arbeitshaus einweist. Verständlicherweise werden die meisten von ihnen gegen Ende der Kur immer ungeduldiger und neigen dazu, Gesundheitszustand und eigene Leistungsfähigkeit zu überschätzen. Sie wollen dem Anstaltsleben so schnell wie möglich den Rücken kehren, und werden von sich aus nur selten für Maßnahmen Verständnis haben, die in ihrem eigensten Interesse liegen.

Wenn die Gespräche mit Expatienten auf die Frage der Arbeitsbehandlung gelenkt wurden, hieß es meist: „Ich bin im Sanatorium, um gesund zu werden, nicht um zu arbeiten. Entweder ich bin krank und darf nichts tun, oder ich kann arbeiten, ohne in der Heilstätte bleiben zu müssen." Auf der anderen Seite versuchten zwei Expatientinnen eine „Arbeitskur nach eigenen Vorstellungen". Eine betätigte sich als Schreibhilfe im Büro der Anstaltsleitung und die andere ließ sich eine Schreibmaschine leihweise zur Verfügung stellen, um eigene Arbeiten zu erledigen.

Über die organisatorisch-technischen Teilfragen, die mit der Arbeitstherapie verknüpft sind, gehen die Meinungen vielfach auseinander. Es ist hier nicht der Ort, über die besten Lösungen zu entscheiden; sie werden sich fast immer erst in der Praxis erproben lassen und ihre Bewährung erweisen.

Eine dieser Fragen betrifft die Organisation der Arbeitsheilstätte. Soll sie ein selbständiger kaufmännischer Betrieb sein, der die Absatzregelung selber übernimmt, ein betriebswirtschaftliches Risiko eingeht und konjunkturellen Schwankungen unterliegt, oder ist sie in Verbindung mit einem Sanatorium aufzuziehen, als Unterlieferant für andere Industriebetriebe?

Das wirtschaftliche Risiko wird im letzteren Falle geringer sein, doch lehrt die Erfahrung, daß die Beschaffung von Arbeitsaufträgen nicht ganz unproblematisch ist. „Scheint anfangs die Bereitwilligkeit zur

Vergebung von Arbeit bei den Arbeitsämtern oder Betrieben vorhanden zu sein, so ist bei näherer Erörterung der Möglichkeiten immer und immer wieder e i n Hindernis nicht zu umgehen: das ist die Erwähnung der Krankheit, an der unsere Schutzbefohlenen leiden ... Mit irgendwelchen Gefühlsmomenten caritativer Nächstenliebe ist nirgends zu rechnen ... Wir haben die Furcht vor der Tuberkuloseansteckung so groß werden lassen, daß eine weitere Aufklärung das große Mißtrauen gegenüber dieser Krankheit kaum beseitigen wird. Der Hinweis, daß im Bedarfsfall vielfache Desinfektionsmöglichkeiten zur Verfügung stehen, wird nicht anerkannt[7]." Die gleiche Arbeitsheilstätte, die von diesen Schwierigkeiten berichtet, muß für den Schriftwechsel mit den auftraggebenden Firmen neutrales Briefpapier verwenden und auf deren Wunsch auch den Namen des Betriebes vor den Patienten geheimhalten.

Eine weitere Meinungsverschiedenheit besteht hinsichtlich der Entlohnung der Patienten. Sie wird von der einen Seite befürwortet mit dem Argument, der Patient dürfe nicht das Gefühl haben, ausgenutzt zu werden; im Geld sähe er den Maßstab seiner Leistung, es sei ein kleiner Ansporn in seiner Übergangszeit, mit dem auch die Freude am Verdienen-wollen zurückkehrt oder erhalten bleiben kann. Die Gegenseite lehnt eine Vergütung ab, weil die Arbeitsbehandlung einen Teil der Kur darstellt und zusätzliche Kosten verursacht. Die dritte Argumentation schließlich geht dahin, daß ein Teil des anfallenden Lohnes auf den Pflegesatz der Patienten in der Heilstätte angerechnet werden sollte.

Die Erfahrungen einer Schweizer Arbeitsheilstätte beweisen, wie sehr die Entscheidungen einer elastischen Handhabung überlassen werden müssen. In den ersten Jahren ihres Bestehens zahlte die Arbeitsheilstätte einen Stundenlohn, der Faulen und Fleißigen in gleicher Weise zugute kam. Man ging dann zur Leistungsprämie über, die die Arbeitsfreude der Patienten erhöhte und zur Steigerung der Produktion führte. Die gleiche Arbeitsheilstätte hat im Interesse der Patienten noch eine besondere Regelung getroffen, die sehr geeignet erscheint, die spätere Rückkehr in das gesunde Leben vorzubereiten. Anstatt dem arbeitenden Patienten den vollen Lohn auszuzahlen, gewährt man ihm nur einen Vorschuß auf die geleistete Arbeit; der Rest wird ihm bei der Entlassung ausgehändigt, um während der ersten Wochen als Überbrückungsgeld zu dienen[8].

Die Arbeitszeit, mit der der Patient gewöhnlich beginnt, beträgt 1½ bis 2 Stunden täglich, die im Laufe der Zeit bis zu sechs Stunden

---

[7] E. Dorn: Über die Betreuung Chronisch-Tuberkulöser. Beitr. z. Klin. d. Tbk., 110. Bd., H. 1/2, Oktober 1953, S. 168.
[8] K. *Oppikofer,* a.a.O.

täglich gesteigert wird. Über die Dauer der Arbeitskur insgesamt lassen sich keine festen Angaben machen; sie wird sich stets nach der individuellen Lage und dem jeweiligen Befund richten.

Über ein erfolgreiches Programm, das Arbeitstherapie und Arbeitsvermittlung verknüpft, berichtet eine westfälische Heilstätte[9]. In enger Zusammenarbeit mit dem Arbeitsamt werden von den Ärzten dieser Heilstätte Betriebsbesichtigungen durchgeführt mit dem Ziel, in freier Vereinbarung mit Leitern und Betriebsräten der metall- und holzverarbeitenden Industrie in der Umgebung Arbeitsplätze zu bekommen, teilweise mit Umschulungsmöglichkeit und Anlernverhältnis. Anfangs wird an drei Tagen in der Woche halbtags gearbeitet, nach zwei bis drei Wochen je nach Befund auf tägliche Halbtagsarbeit umgewechselt. Im Tempo der Leistung wird den tuberkulösen Patienten grundsätzlich keine Vorschrift gemacht. In der arbeitsfreien Zeit und an Wochenenden halten sie die Liegekuren des Heilstättenplanes ein. Der Betrieb gewährt für die Arbeitsleistungen ein Taschengeld nach eigenem Ermessen.

4. Nachfürsorge- und Werkstättensiedlung

Eine Nachfürsorge auf sehr viel breiterer Basis als die Arbeitstherapie stellt die Werkstättensiedlung dar.

Wie wir sahen, ist der Patient nach seiner Entlassung noch einer jahrelangen Rückfallgefahr ausgesetzt und kann seine Wiedereingliederung in das Erwerbsleben nur unter großen Schwierigkeiten vollziehen. Die Unzweckmäßigkeit seiner Lebens- und Arbeitsbedingungen führt zu einer Kette von Rückfällen, die ihn immer mehr zurückwerfen und ihn am Ende doch ein Opfer seiner Krankheit werden lassen. Die Rückführung in das Erwerbsleben des einmal aus der Bahn geworfenen Patienten ist schon schwierig genug, ein zweites Mal wird sie noch viel weniger gelingen, und schließlich überhaupt nicht mehr möglich sein.

Der Differenzierungsprozeß in Gewinner und Verlierer im Kampf mit der Tuberkulose wird um so günstigere Ergebnisse haben, je mehr die Rückführung des geheilten Tuberkulösen unter schützenden Bedingungen erfolgt. Diese können ihm in einer Werkstätten- oder Nachfürsorgesiedlung geboten werden, wo optimale Lebens- und Arbeitsbedingungen dazu beitragen, den labilen Heilungserfolg in einen Dauererfolg umzuwandeln.

Einrichtungen dieser Art bestehen in Westdeutschland gegenwärtig nicht. Der Initiator einer Siedlung bei Breslau mußte 1935 emigrieren,

---

[9] K. L. *Buchheim* und J. *Gabler:* Ein Weg zur Wiedereingliederung Tuberkulöser. Tuberkulose-Arzt, 8. Jg., 10. H., Oktober 1954, S. 638 ff.

und einige Jahre später fiel das von ihm aufgebaute Werk dem Kriege zum Opfer[10].

Die Idee eines Siedlungsplanes ist angelsächsischen Ursprungs und hat in England ihre vorbildliche Verwirklichung gefunden. Am Beispiel der Siedlung Papworth bei Cambridge, England, soll in diesem Zusammenhang wenigstens in großen Zügen aufgezeigt werden, wie sich die Rehabilitation der Tuberkulösen im Idealfalle vollzieht und zugleich eine zweckmäßige Lösung auch vom volkswirtschaftlich-gesellschaftlichen Standpunkt aus darstellt.

In der Erkenntnis, daß es müßig ist, dem aus der Kur entlassenen Patienten Schonung und Pflege, gute Ernährung und leichte Arbeit zu empfehlen, wenn nicht die Gelegenheit besteht, diese Ratschläge zu befolgen, gründete 1917 ein britischer Arzt — Pendrill Varrier-Jones — zunächst mit ein paar Patienten und einer Schwester das heutige Papworth-Dorf. In den allerersten Anfängen eine denkbar einfache Werkstatt auf einem kleinen Bauernhof, umfaßt die heutige Siedlung nahezu tausend Morgen Land, in der rund 2000 Menschen leben. Kliniken, Wohnhäuser, Werkstätten sind durch Geschäfte, Post, Schule und Kirche zu einer selbständigen Gemeinde ergänzt worden, in der allen Besonderheiten der Tuberkulösen Rechnung getragen wird.

Eine Reihe von Fabrikationszweigen bieten dem Expatienten selbständige Erwerbsmöglichkeiten. In einer Schreinerei und Tischlerei werden Möbel für den eigenen Bedarf der Siedlung, sowie Holzkarosserien für eine Autofirma hergestellt. Die in den Lederwerkstätten angefertigten Koffer und Aktentaschen finden als Exportartikel guten Absatz, während die Druckerei und Buchbinderei neben Arbeiten für den Siedlungsbedarf private und staatliche Aufträge ausführen. Die Werksgebäude sind großräumig und luftig angelegt, einstöckig und mit Exhaustoren versehen. Alle Erzeugnisse aus diesen Betrieben werden unter einem bestimmten Warenzeichen auf dem freien Markt abgesetzt und sind mit anderen Fabrikaten in Qualität und Preis konkurrenzfähig.

Das Bemerkenswerte an diesem Produktionsapparat ist aber die Tatsache, daß er gänzlich von leistungsgeminderten, sogenannten „sub-standard" Arbeitern getragen wird, die nur so lange täglich arbeiten, wie es ihrem Gesundheitszustand angemessen ist. Die Arbeitszeit schwankt zwischen drei und sieben Stunden täglich, Überstunden werden auch in Zeiten sich häufender Aufträge nicht geleistet. Die wirtschaftlichen Anforderungen treten stets hinter den gesundheitlichen Rücksichten auf die Arbeitenden zurück. Andererseits wird der Produktionsumfang auch bei Auftragsstockungen aufrechterhalten, um

---

[10] E. *Brieger,* früher Herrnprotsch, jetzt Papworth, dessen Veröffentlichungen in dieser Arbeit mehrfach zitiert wurden.

die gleichmäßige und ausreichende Beschäftigung der tuberkulösen Patienten und Expatienten zu gewährleisten.

Die durchschnittliche Fehlzeit der Arbeiter beträgt einen Arbeitstag pro Monat. Sobald der Tuberkulöse die Gewißheit hat, daß ihm sein Arbeitsplatz nicht verloren gehen kann und er sich nicht wie im freien Wirtschaftsleben ohne Rücksicht auf die Gesundheit anstrengen muß, um mit den gesunden Kollegen Schritt zu halten oder den Arbeitgeber seine Schwäche nicht merken zu lassen, sind seine Leistungen viel ausgeglichener. Jede Verschlechterung seines Gesundheitszustandes kann er ohne Bedenken melden und sich sofort einer neuen Behandlung unterziehen. Der durch die lange Untätigkeit während der Kur an sich selbst zweifelnde und entmutigte Patient, der in den Werkstättenbetrieb von Papworth eintritt, wird nicht nur durch die Ärzte ermutigt, sondern viel mehr und besser noch durch seine Arbeitskollegen und Meister, die Wochen und Monate zuvor den gleichen Weg gegangen sind. Sie haben Verständnis für die Unsicherheit des Genesenden am Arbeitsplatz, er braucht sein Unvermögen vor ihnen nicht zu verbergen. Nicht die Gesunden sind in seiner Arbeitswelt die Schrittmacher, sondern Expatienten in der gleichen Lage wie er selbst.

Die Werkstätten dienen zugleich den Patienten in den Kliniken des Dorfes als Möglichkeit für eine Arbeitskur, wie sie in dem vorangegangenen Kapitel dargelegt wurde. Die Mehrzahl der nach Papworth kommenden Patienten muß angelernt oder umgelernt werden, wenn sie in den Werkstätten oder in der Verwaltung beschäftigt werden sollen. Die Zahl der insgesamt beschäftigten Tuberkulösen betrug 1952 485. Darunter befanden sich 314 Siedler im Dorf selbst, 160 Umschüler und 11 Patienten in der Arbeitsbehandlung.

Um die wirtschaftliche Rentabilität der Betriebe, die ausschließlich auf sich selbst gestellt sind, zu erhalten, ist die Beschaffung von Aufträgen von 2000 Pfund Sterling täglich notwendig. Der Jahresumsatz für 1952 belief sich auf 460 000 Pfund Sterling, davon wurden Waren im Werte von 76 000 Pfund Sterling nach Ländern der harten Währung exportiert[11]. Der soziale und wirtschaftliche Wert der Siedlung könnte kaum überzeugender bewiesen werden.

Wenn der Patient der Heilstätten von Papworth mit Erfolg eine Arbeitskur in den Werkstätten durchlaufen hat und mindestens sechs Stunden täglich arbeiten kann, ist er entlassungsfähig. Er darf sich dann entscheiden, ob er in seinen früheren Lebenskreis zurückkehren möchte oder ob er sich für die Ansiedlung in Papworth bewerben will. Er findet Unterkunft in den Ledigenwohnheimen des Dorfes, falls er bleibt, und wenn er seine Familie nachholen will, wird ihm

---

[11] Papworth's Progress, Annual Report for 1952, S. 5. — Annual Report for 1951, S. 6.

ein Häuschen zugewiesen, für das er, nunmehr auf eigenen Füßen stehend, auch Miete zahlen muß.

Die 250 Einfamilienhäuser von Papworth haben vier bis sechs Wohnräume. Die gesunden Familienangehörigen des Expatienten werden laufend ärztlich überwacht. Es spricht für die optimalen Lebensbedingungen und die sorgfältige Betreuung, daß von den 212 zwischen 1918 und 1952 in dem Dorf geborenen Kindern und den 260 während der gleichen Zeit hinzugezogenen Kindern, die alle verschieden lange Zeit in der Siedlung gelebt haben, keines jemals an Tuberkulose erkrankt ist[12].

Diese höchst auffallende Tatsache ist zweifellos zum Teil auf die erhöhte Infektionsresistenz zurückzuführen, die gesunde Menschen in der Umgebung von Tuberkulösen häufig erwerben. Das gilt nicht nur von Ärzten und Pflegepersonal in Tuberkulose-Anstalten, die dauernd einer starken Ansteckungsgefahr ausgesetzt sind, sondern ist auch in anderem Zusammenhang festgestellt worden. Die Tuberkulose-Mortalität der einheimischen Bevölkerung eines von Tuberkulösen stark besuchten Kurortes lag trotz der erhöhten Exposition niedriger als die Tuberkulose-Sterblichkeit der Bevölkerung eines von tuberkulösen Patienten nicht aufgesuchten Nachbarortes[13].

In Papworth sind alle Rehabilitations-Maßnahmen konsequent durchgeführt worden und haben ihren Erfolg eindeutig bewiesen. Die Siedlung bietet ein soziales Milieu, in dem der Genesene sorgenfrei und selbständig leben kann, ohne daß der Faktor Zeit bei seinem Gesundungsprozeß eine Rolle spielt. Die Vereinigung mit der Familie ermöglicht dem Genesenen ein Dasein, das sich von seinen früheren Lebensbedingungen nicht wesentlich unterscheidet. Er bewährt sich an einem ihm gemäßen Arbeitsplatz, der ihm stets sicher ist und um den er nicht zu kämpfen braucht. Rückfälle, Enttäuschungen und Krisen seiner wirtschaftlichen Existenz sind im höchstmöglichen Maße ausgeschaltet. Anstatt als Außenseiter von der Gesellschaft durchgeschleppt zu werden, steht ihm hier eine auskömmliche Existenz zur Verfügung, die ihn befriedigt und die ihn der Angst vor der Zukunft enthebt. Schutz und Freiheit zugleich lassen ihn zu einem vollwertigen Mitglied der Gesellschaft werden. Er kann die Steigerung seiner Kräfte und seiner eigenen Leistungsfähigkeit beobachten und ist voller Zuversicht, sie einmal endgültig wiederzugewinnen. Die Angst vor der Krankheit schwindet, er hat sie auch innerlich überwunden.

---

[12] Papworth (Broschüre), Pendragon Press, o. J., und E. M. *Brieger:* The Papworth Families, a 25 Years' Survey. London 1944. Vgl. a. *Sweede,* Die Familie im Mittelpunkt der Rehabilitation, Erfahrungen in der Tuberkulösen-Siedlung Papworth. Ausländ. Sozialprobleme, 5. Jg. Oktober 1955, S. 120 f.

[13] Georg *Schröder:* Neuzeitliche Tuberkulose-Probleme. Mediz. Klin., Nr. 22, 1939.

Die Ansiedlung der Tuberkulösen in Papworth ist indessen nicht als Dauerzustand gedacht. Ein Ausschuß, der sich aus Ärzten, Psychologen und Sozialarbeitern der Siedlung zusammensetzt, entscheidet nicht nur über die Neuaufnahme von Bewerbern, sondern überprüft auch diejenigen Fälle, deren weiterer Aufenthalt nach gesundheitlichen Gesichtspunkten nicht länger erforderlich ist. Der Tuberkulöse hat kein Anrecht auf ein lebenslänglich geschütztes Dasein. Sein Aufenthalt in der Siedlung ist nur ein Training und eine Chance, die Krankheit endgültig zu überwinden. Wenn sich nach Jahren sein Zustand gefestigt hat, muß er wieder die vollständige Verantwortung für sein Leben im Kreise der Gesunden übernehmen. Die Siedlung darf nicht ins Unermeßliche anwachsen, und die Wartelisten neuer Bewerber sind sehr lang.

Unerläßlich für den Erfolg eines Projektes von der Art Papworths ist es, daß alle Beteiligten aktiv mitarbeiten an seiner Gestaltung und an seinem Fortbestand. Aus den kleinsten Anfängen eines Experiments, aus einer spontanen Improvisation „sozialer Erfinder" konnte diese Gemeinde nur dank des Selbsthilfewillens ihrer Nutznießer und Bewohner organisch wachsen und gedeihen. Eine umfangreiche und mit großem Kostenaufwand in Frankreich erstellte Siedlung nach seinem Vorbild, die bezugsfertig und bis ins kleinste vorbereitet für Tuberkulöse geschaffen wurde, endete sehr rasch nach ihrer Gründung in völligem Zusammenbruch und mußte anderen Zwecken zugeführt werden. Niemandem war Gelegenheit geboten, aus eigenen Kräften mitzuwirken und Mitgestalter einer Gemeinschaft zu sein. Papworth wird, soweit es die vorwiegend aus privaten Stiftungen stammenden Mittel erlauben, laufend von den Bewohnern selbst erweitert und verbessert.

Es ist im Rahmen dieser Arbeit nicht möglich, auf alle mit der Papworth-Siedlung zusammenhängenden Einzelheiten einzugehen und die Fülle der unerwähnt gebliebenen Fragen, die sich aufdrängen, zu behandeln. Ihr Wert für die Rehabilitation Tuberkulöser und für die Gesellschaft insgesamt ließe sich auch wohl nur in einer gesonderten Untersuchung würdigen, was nicht nur eine äußerst interessante Aufgabe sein, sondern auch einen längeren Aufenthalt in der Siedlung selbst voraussetzen würde. Für die vorliegende Arbeit kam es jedoch in erster Linie darauf an, auf diese Form eines umfassenden Rehabilitations-Programmes hinzuweisen, das der Wiedereingliederung Tuberkulöser in das Erwerbsleben in ganz besonderem Maße dienlich zu sein scheint.

Eine kaum weniger wirkungsvolle und wahrscheinlich mit geringerem Aufwand an Kosten und organisatorischen Maßnahmen zu realisierende Rehabilitation ließe sich mit Hilfe von zentral gelegenen Spezialwerkstätten erzielen, die ähnlich den Industriebetrieben von Papworth leistungsschwachen Arbeitskräften eine produktive und nützliche Beschäftigung ermöglichen und ihnen eine Erwerbsgrundlage bieten können. Die tuberkulösen Expatienten befänden sich dort ebenfalls unter ständiger ärztlicher Aufsicht und würden nach individuell dosierter Arbeitszeit tätig sein. Diese Werkstätten, von denen es eine ganze Reihe besonders in den angelsächsischen und skandinavischen Ländern gibt, haben den Vorteil, daß die dort Beschäftigten nicht aus ihrer gewohnten Umgebung herausgelöst zu werden brauchen und daß ihrer Verwirklichung geringere Schwierigkeiten im Wege stehen dürften, weil sie eine kürzere Anlaufzeit benötigen und mit einem geringeren Anfangskapital als eine Siedlung es erfordert, begonnen werden könnten.

5. Werkseigene Tuberkulose-Fürsorge

Während die vorangegangenen Abschnitte, die die Arbeitsbehandlung, Spezialwerkstätten und Nachfürsorgesiedlung behandelten, in ihren Hauptpunkten als Rehabilitationsmaßnahmen weiten Kreisen schon bekannt geworden sind, bleibt noch eine weitere Möglichkeit für die Rückführung geheilter Tuberkulöser in das Arbeitsleben zu erwähnen.

In den Angaben des Facharbeiters fiel bereits auf, daß seine Firma ihm nach der Entlassung aus der Kur Gelegenheit bot, den für ihn geeigneten Arbeitsplatz ausfindig zu machen. In Industriebetrieben mit einer größeren Zahl von Arbeitnehmern ist die Durchführung eines Programmes für die Wiedereingliederung ehemals tuberkulöser Belegschaftsmitglieder verhältnismäßig leicht möglich. Auch hier soll wieder nur ein Beispiel aus der Praxis für mehrere ähnliche herausgegriffen werden[14].

Von einem Großbetrieb der chemischen Industrie, der gegenwärtig 206 arbeitende tuberkulöse Expatienten betreut, war bereits 1891 eine

---

[14] In der Tuberkulose-Literatur findet sich seit Jahren immer wieder der Hinweis, daß die Ford-Werke in den USA eine besondere Abteilung für 1000 tuberkulöse Arbeiter eingerichtet hätten, die sich „anscheinend gut bewährt hat". Eine direkte Anfrage bei dem Betrieb in Dearborn, Mich., um Einzelheiten hierüber zu erfahren, brachte folgende Antwort (15. Dezember 1953): „... This office is not aware of any special project along the lines mentioned ... At the present time we do have a number of employees working at the Rouge Plant who are known to have had difficulty with tuberculosis or other chest conditions, but their utilization within this Plant has not been the result of any type of experiment or short-range project. The placement of our seniority employees with such physical difficulties has not been on specified jobs but has more generally been concerned with their placement in certain work areas that are considered to be more suitable for people with such difficulties ..."

Lungenheilstätte für die Werksangehörigen geschaffen worden[15]. Dreißig Jahre später wurde sie durch eine Heilstätte für weibliche Arbeitnehmer und für Angehörige der Belegschaft ergänzt. Die von der Landesversicherungsanstalt aufgebrachten Pflegesätze für die Patienten während der stationären Behandlung werden durch Geldmittel des Betriebes aufgestockt, um an der Versorgung der Tuberkulösen nichts fehlen zu lassen. Nach der Heilung und Entlassung folgt eine sorgfältige Betreuung der noch labilen Expatienten, denen eine mehrwöchige Schonzeit gewährt wird. Sobald die ärztlichen Untersuchungen eine Wiederaufnahme der Arbeit zulässig erscheinen lassen, werden diese Betriebsangehörigen allmählich in den Arbeitsprozeß zurückgeführt. Aus psychologischen und arbeitstechnischen Gründen wird dem angestammten Arbeitsplatz zunächst der Vorzug gegeben und vom Werksarzt auf seine Eignung für den Expatienten geprüft. Wenn er unzweckmäßig erscheint, wird in Zusammenarbeit mit der Personalabteilung des Betriebes, die besondere Arbeitsplätze mit leichten Anforderungen für leistungsgeminderte Werksangehörige bereithält, eine dem Einzelfall angemessene Tätigkeit ermittelt. Jede Arbeitswiederaufnahme wird zunächst als Arbeitsversuch gewertet. Der Expatient wird vom Werksarzt in seiner neuen Tätigkeit laufend überwacht und ermahnt, sich sofort zu melden, wenn die Arbeitsbedingungen seiner Gesundheit nicht zuträglich sind. Er braucht nicht den Verlust seiner Stellung zu befürchten, weil ein wiederholter Wechsel des Arbeitsplatzes vorgenommen wird, bis die optimale Verwendungsmöglichkeit festgestellt worden ist.

Alle Expatienten müssen allerdings mit der vollen Arbeitszeit beginnen. Eine Unterteilung ihres Arbeitstages durch eine längere Ruhepause für eine kurze Liegekur, wie sie in einem amerikanischen Großbetrieb für tuberkulöse Arbeitnehmer vorgesehen ist[16], ist aus technisch-organisatorischen Gründen nicht verwirklicht worden.

Zwischenmenschliche Spannungen am Arbeitsplatz, Mißtrauen und Ablehnung durch die Arbeitskameraden sind den Wiedereingegliederten unbekannt. Das Bestehen einer betriebseigenen Lungenheilstätte ist allen Werksangehörigen bekannt und wird ebenso selbstverständlich von ihnen akzeptiert wie andere soziale Einrichtungen des Werkes. Sie wird nicht als Sonderanstalt für „Aussätzige" betrachtet und jeder, der dort eine Zeitlang verbringen mußte, wird ohne Diskriminierung in die Arbeitsgemeinschaft wieder aufgenommen.

---

[15] Es handelt sich um die Badische Anilin- und Soda-Fabrik, Ludwigshafen a. Rh. — Sämtliche Ausführungen in diesem Abschnitt stützen sich auf ein langes Gespräch mit Herrn Dr. med. Arnold, Betriebsarzt i. R. der BASF. Weitere Mitteilungen verdanke ich Herrn Dr. iur. A. Weiß, Arbeitsgemeinschaft für Soziale Betriebsgestaltung, Heidelberg.

[16] Eastman Kodak Company, Rochester. N.Y., USA, in einem Schreiben vom 22. Dezember 1953.

Alle geheilten Tuberkulösen des Betriebes werden ein Jahr nach der Wiederaufnahme ihrer Arbeit außerhalb des tariflichen Urlaubs drei Wochen lang auf Kosten des Betriebes zu einer Festigungskur verschickt. Um die Erholung so zwanglos und angenehm wie möglich zu gestalten, wurden mit privaten Fremdenheimen Vereinbarungen getroffen, so daß der Expatient seinen Urlaub wie einen normalen Ferienaufenthalt und nach eigenen Wünschen verbringen kann.

Die Wiederbeschäftigung tuberkulöser Arbeitnehmer ist allerdings nicht immer ohne finanzielle Einbußen für die Betreffenden möglich. Der frühere Mehrverdienst durch Akkord- oder Schichtarbeit fällt weg, oder es mußte aus gesundheitlichen Gründen eine Tätigkeit mit geringerer Entlohnung zugewiesen werden. Doch auch hier ist der Betrieb bemüht, in Härtefällen einen Ausgleich zu schaffen.

Dank dieses sehr umsichtig geplanten und konsequent durchgeführten Programmes werden unzweckmäßige und verfrühte Arbeitsbelastungen vermieden und damit auch die tuberkulösen Rückfälle. Wiederholte Heilverfahren sind so gut wie nie notwendig. Der Betrieb erhält sich auf diese Weise nicht nur dankbare und zuverlässige Arbeitskräfte, sondern er leistet durch seine Anerkenntnis grundlegender soziologischer Tatsachen in der Tuberkulose-Bekämpfung auch einen wichtigen Beitrag zur Rehabilitation.

Schlußbetrachtung

Mit den vorangegangenen Ausführungen und Untersuchungen über die Wiedereingliederung geheilter Tuberkulöser in normale Daseinsformen wurde versucht, Problem, Realität und Therapie in ihren Grundzügen zu fassen.

Wenngleich das unablässige Bemühen der Wissenschaft zu einer im allgemeinen sehr viel günstigeren klinischen Prognose geführt hat, so ist es andererseits doch bisher nicht gelungen, die von einer tuberkulösen Erkrankung Betroffenen ganz aus der Umklammerung zu befreien, die sich mit diesem Leiden ihrer bemächtigt. Insbesondere stehen wir vor der nur auf den ersten Blick paradoxen Tatsache, daß, bedingt durch eine fortschrittliche Therapie, der Prozentsatz der als vollarbeitsfähig Entlassenen zurückgeht, während der Anteil der Teilarbeitsfähigen relativ steigt.

Eine sachliche und gründliche Betrachtung des Problems kann nur wenige grundsätzliche Fragen hinsichtlich seiner Lösung offen gelassen haben. Sowohl medizinisch wie ökonomisch-sozial gesehen, ist die Antwort klar: das bisher übliche Verfahren der langwierigen und mühevollen klinischen Heilung mit anschließendem laissez-faire ist unzulänglich und verfehlt, ja tragisch. Dagegen ist die Ergänzung und die Fortsetzung des physischen Heilungsprozesses durch weitblickende und umfassende soziale Maßnahmen als einzig verantwortliche Alternative erkannt worden.

Die Prüfung der Möglichkeiten, mit deren Hilfe die Gesellschaft die erkannte Verantwortung und Verpflichtung für die Rehabilitation Tuberkulöser erfüllen kann, weist in Theorie und Erfahrung ebenfalls recht eindeutig in klar zu umreißende Richtungen.

Ob es sich hierbei um Sonderprojekte wie Spezialwerkstätten oder Nachfürsorgesiedlungen handelt, um verschiedene Maßnahmen zur Erleichterung der Übergangs- und Anpassungszeit, um die Beschaffung zweckmäßiger Erwerbsmöglichkeiten und die Begrenzung der Anforderungen an die Arbeitskraft oder um Einkommenshilfen — in allen Fällen sind diese Bestrebungen letztlich auf die Bereitstellung geeigneter Lebensbedingungen abgestellt, die dem Genesenen die Gesundung auf lange Sicht ermöglichen und ihn einem nützlichen, befriedigenden Leben zuführen sollen.

In einer durchorganisierten Gesellschaft wie der unsrigen ist es nicht immer möglich, allein auf dem Wege der Selbsthilfe einer Vielzahl von

Schwierigkeiten Herr zu werden, die sich im Laufe der Wiederanpassung und Rückführung ergeben. Die soziologischen Voraussetzungen einer Rehabilitation lassen sich nur mit privater, kommunaler und staatlicher Unterstützung schaffen. Indessen hat die sich nur schwerfällig durchsetzende Erkenntnis von Notwendigkeiten und die bürokratische Verapparatung unseres modernen Daseins bisher die Verwirklichung von Plänen und Maßnahmen verhindert, die in einer eingeengten, partikularen Sicht keine Zugkraft besitzen. Der soziale, volkswirtschaftliche und humane Nutzen solcher Projekte — falls überhaupt quantifizierbar — kann aber erst im Laufe von Jahren und Jahrzehnten offenbar werden.

Wir sahen, daß die Gesellschaft an den Opfern einer heimtückischen Krankheit viel gutzumachen hat, weil die Aufgabe, der angeschlagenen oder gefährdeten Arbeitskraft zu Hilfe zu kommen, noch nicht genügend als soziale Aufgabe erkannt worden ist. Wir sahen aber auch, daß sich ihr viele und erfolgversprechende Wege anbieten, um die Versäumnisse der Vergangenheit und der Gegenwart nachzuholen. Abgesehen von der Trägheit bei der Inangriffnahme der aufgezeigten Einrichtungen, bleibt aber noch ein Rest von Wünschenswertem, wie den von der Tuberkulose Heimgesuchten in wirklich befriedigender Weise geholfen werden kann.

Dieser Rest betrifft Bezirke des Menschlichen, in denen die Gesellschaft mit ihren Hilfsmitteln und Institutionen nichts ausrichten kann, wo die Organisation versagt. „Denn es gibt keinen Vollzug in der Hilfe am Menschen, der nur ein technischer Vollzug wäre[17]." Es handelt sich um die konkreten, persönlichen Beziehungen zum Mitmenschen, es handelt sich um das öffentliche Gewissen.

Bei der Betrachtung der Einzelschicksale tuberkulöser Expatienten erfuhren wir, wie persönliche Reaktion der alltäglichen Umwelt dem Genesenen Last und Demütigung oder, sehr viel seltener, Erleichterung und Segen sein kann. Der Arbeitgeber, der glaubt, „rationell" handeln zu müssen, der Arbeitskollege, der „instinktiv" abwinkt, die Freunde, die sich zurückziehen, die Hausbewohner und Nachbarn voller Argwohn können das Werk der Wiedereingliederung in die gewohnte Umgebung durch negative, weil in Klischees befangene Reaktion sabotieren. Dabei macht es wenig aus, daß Worte und Handlungen oft im einzelnen unbedeutend, meist nicht klar durchdacht oder beabsichtigt sind. Aber ihr Zusammenklang bildet für den sensitiven Genesenen eine entscheidende Dissonanz.

An diesem Punkt, wo der Bereich der sozialen Verpflichtung im eigentlichen Sinne aufhört und derjenige individual-ethischer Verant-

---

[17] Hans *Achinger:* Zur Neuordnung der Sozialen Hilfe, a.a.O., S. 25.

wortung beginnt, ist Fürsorge und Betreuung, ob im kleinen oder im großen angewandt, machtlos. Alle Bemühungen einer Rehabilitation bleiben Stückwerk, wenn sie nicht entscheidend unterbaut werden durch ein Maß an menschlicher Güte des Einzelnen. Wenn die ideelle Grundlage unserer abendländischen Kultur, die der Nächstenliebe, nicht lebendig wirksam bleibt, kann eine hochentwickelte Hilfsbereitschaft unserer Zivilisation nur wenig ausrichten.

Literaturverzeichnis

Achinger, Hans, Soziale Sicherheit — eine historisch-soziologische Untersuchung neuer Hilfsmethoden. Stuttgart 1953.
— Zur Neuordnung der Sozialen Hilfe, Konzept für einen Deutschen Sozialplan. Stuttgart 1954.
— Lohn, Rente und Unterstützung; Arbeitsblatt Nr. 4, April 1949.
Achinger, Hans, *Höffner*, Joseph, *Muthesius*, Hans, *Neundörfer*, Ludwig, Neuordnung der sozialen Leistungen, Köln 1955.
Alexander, Hanns, Einige grundsätzliche Bemerkungen zur Arbeitstherapie bei Lungentuberkulose, Ges.-Fürsorge, 4. Jahrgang, Heft 3, Juni 1954.
Alexander, Hanns, *Hübschmann*, Paul u. a., Die Tuberkulose des Menschen. Ein Buch für die Praxis. Leipzig 1939.
Ammelounx, Bernhard, Tuberkulose und Seelenleben. Ein autopathographischer Beitrag, med. Diss., Düsseldorf 1946.
Ärztliche und Fürsorge-Richtlinien für die Arbeitsvermittlung Lungentuberkulöser; Arbeitsblatt Nr. 3, März 1949.
Bachmann, E., Arbeitstherapie und Nachfürsorge. Öff. Gesundheitsdienst, Jg. 6, H. 17, Dezember 1940.
Baldamus, Wilhelm, Lebenshaltung und Arbeitswilligkeit; Arbeitsblatt Nr. 66, Juni 1949.
Bednarik, Karl, Der junge Arbeiter von heute — ein neuer Typ. Stuttgart 1953.
Bingham and *Moore*, How to Interview, 3. Aufl., New York-London 1941.
Blittersdorf, F., Die Berufsfähigkeit tuberkulosekranker Lehr- und Kinderpflegepersonen. Der Tuberkulose-Arzt, 7. Jg., H. 12, Dezember 1953.
Bochalli, Richard, Geschichte der Schwindsucht. Leipzig 1940.
Bondy, Curt und *Eyferth*, Klaus, Bindungslose Jugend, eine sozialpädagogische Studie über Arbeits- und Heimatlosigkeit. München, Düsseldorf 1952 („Unsere Jugend", 4. Beiheft).
Brandt, Ernst, Der Tuberkulöse in der Arbeit. Zschr. f. Tbk., Bd. 85, H. 1, 1940.
Braeuning, H., Die Wohnungsnot Offentuberkulöser. Öff. Ges.-Dienst, 7. Jg., H. 16, November 1941.
Brecke, Fritz, Die Arbeits-Heilstätte, zur Arbeitstherapie der Tuberkulose. Arbeits- und Sozialrecht, 2. Jg., Nr. 1, Januar 1953.
Brieger, E. M., The Papworth Families, a 25-years' survey. London 1944.
— Possibilities and Limitations of Rehabilitation. Unveröffentlichtes Manuskript eines Vortrages, 1952.
— Assessment of Fitness for Work in Pulmonary Tuberculosis. Tubercle, Journal of the Brit. Tuberculosis Association. Vol 33, Nr. 1, June 1952.
— After-care and Rehabilitation. Supplement to the Brit. Journ. of Tuberculosis Nr. 4, Vol. 31, 1937.

— Die Umstellung der Anstaltsfürsorge in Tuberkulose-Heilstätten und -Krankenhäusern. Nachfürsorge und Werkstättensiedlungen. Tuberkulose-Bibliothek Nr. 33, Leipzig 1928.

Bronkhorst, W., Klinische Behandlung, Arbeitskur und Nachfürsorge bei der Tuberkulose. Tuberkulose-Bibliothek Nr. 77, Leipzig 1940.

— Arbeitskur als letzte Phase der Tuberkulose-Behandlung. Zschr. f. Tbk., Bd. 74, H. 5, 1936.

von Brunn, Walter A. L., Paracelsus und seine Schwindsuchtlehre. Leipzig 1941.

Buchheim, K. L. und Gabler, J., Ein Weg zur Wiedereingliederung Tuberkulöser. Tuberkulose-Arzt, 8. Jg., 10. H., Oktober 1954.

Bungenstock, H., Die Wohnungen Offentuberkulöser in einer Arbeitergroßstadt. Öff. Ges.Dienst, 5. Jg., H. 3, Mai 1939.

Cairns, Margaret, and Stewart, Alice, Pulmonary Tuberculosis-Mortality in the Printing and Shoemaking Trades. Historical Survey 1881—1931. British Medical Association, London 1951.

Chadwick, H. D., and Pope, A. S., The modern Attack on Tuberculosis. New York 1946.

Clarke, Owen, Grundsätze der Papworth-Dorfsiedlung. Tuberkulose-Arzt, H. 6, Jg. 6, Juni 1952.

Cooley, Carol H., Social Aspects of Illness. Philadelphia and London 1951.

Deist, Hellmuth, und Krauss, Hermann, Die Tuberkulose. Ihre Erkennung und Behandlung. Stuttgart 1951.

Diepgen, Paul, Medizin und Kultur, Ges. Aufsätze. Stuttgart 1938.

Di Michael, Vocational Rehabilitation, Social Work Yearbook, New York 1954.

Doebert, P. Heinz, Gedanken über die Errichtung einer Heilstätte mit Umschulungswohnstätten für Tbc.-Invalide. Innere Mission, 44. Jahrg., Heft 3, 1954.

— Zur Frage der Arbeitsbelastungstherapie Tuberkulöser, Innere Mission, 44. Jg., Heft 9, September 1954.

Dorn, E., Nachfürsorge bei Tuberkulose. Sonderdruck, 1934.

— Die Lösung des Arbeitsproblems der Offentuberkulösen. Sonderdruck 1927.

— Über die Betreuung der Chronisch-Tuberkulösen. Beitr. z. Klin. d. Tbk., Bd. 110, H. 1/2, 1953.

— Neuzeitliche Hilfe für den Tuberkulösen. Bl. d. Wohlfahrtspflege 102. Jg. Nr. 11, November 1955.

Dumarest, F. und Mollard, H., Le Tuberculeux guéri, étude médico-sociale. 2. Aufl., Paris 1948.

Ebstein, E., Tuberkulose als Schicksal. Sammlung pathographischer Skizzen von Calvin bis Klabund. Stuttgart 1932.

Frei, Dora, Wiedereingliederung ehemaliger Tuberkulöser in das Erwerbsleben durch Berufswechsel. Zürich 1952 (Privatdruck).

Freudenberg, Karl, Betrachtungen zur Morbiditätsstatistik der Tuberkulose. Ärztliche Mitteilungen, 40. Jg., Heft 36, Dez. 1955.

Friedmann, Georges, Zukunft der Arbeit. Perspektiven der industriellen Gesellschaft. Köln 1953.

Glaeser, J. A., Ketzerische Briefe über Tuberkulose. Hamburg 1903.
Gloyne, Roodhouse S., Social Aspects of Tuberculosis. London 1944.
Goralewski, G., Schicksal der beschränkt arbeitsfähigen Tuberkulösen nach ihrer Rückgliederung in den Arbeitsprozeß. Zbl. f. Gewerbehygiene u. Unfallverhütung, 28. Jg., Bd. 18, H. 10.
Griesbach, Rolf, Die Tuberkulose-Bekämpfung. Grundlagen und Weg zu einer einheitlichen und erfolgreichen Durchführung. 2. Aufl., Stuttgart 1948.
Grotjahn, Alfred u. *Kaup*, J., Handwörterbuch der sozialen Hygiene, Leipzig 1912 (Band II).
Grotjahn, Alfred, Soziale Pathologie, 3. Aufl., Berlin 1923.
Grünfeld, Ernst, Die Peripheren. Ein Kapitel Soziologie. Amsterdam 1939.
Hamilton, Kenneth W., Counselling the Handicapped in the Rehabilitation Process. New York 1950.
von Haffner, Pneumothorax und Arbeit. Dt. Tbk. Bl. 14. Jg. H. 5, Mai 1940.
Heaf, F. R. G., Rehabilitation of the Tuberculous, „Rehabilitation", Autumn 1955 (Hrsg. Brit. Council for Rehabilitation).
Heaf, F. R. G., und *McDougall*, J. B., Rehabilitating the Tuberculous. London 1945.
Heer, A. A., Berufseignung des Tuberkulösen. Öff. Ges.Dienst, 7. Jg., H. 1 a.
Hentschel, Otto, Der Tuberkulöse im Berufsleben. Med. Diss., Berlin 1940.
Heyde, Ludwig, Abriß der Sozialpolitik, 10. Aufl., Heidelberg 1953.
Hoch, Gustav, Tuberkulose und Umwelt. Tuberkulose-Bibilothek Nr. 47, Leipzig 1932.
Hollmann, Werner, Krankheit, Lebenskrise und soziales Schicksal, 7 Vorlesungen. Leipzig 1940.
— Zur klinischen Psychologie der Tuberkulose. Tuberkulose-Arzt, 2. Jg., H. 8, August 1948.
— Psychologische Probleme der Tuberkulose. Tuberkulose-Arzt, 6. Jg., H. 6, Juni 1952.
Hollmann, Werner und *Hantel*, Erika, Klinische Psychologie und soziale Therapie. Stuttgart 1948.
Hoske, Hans, Wiederherstellung der Lebenstüchtigkeit geschädigter Menschen, (Rehabilitation in inländischer und ausländischer Sicht), Köln 1955.
Hübschmann, Heinrich, Psyche und Tuberkulose. Stuttgart 1952.
— Soziale Krankheitsfaktoren, Beitr. z. Klin. d. Tbk. Bd. 111, H. 6, 1954.
Jahresbericht der Kantonalen Liga und der Arbeitsheilstätte Appisberg-Männedorf (Schweiz) 1952.
Jahresbericht der Vereinigung „Das Band", Bern (Schweiz) 1948 ff.
Jaspers, Karl, Allgemeine Psychopathologie, 4. Aufl., Berlin 1946.
Kessler, Henry H., The Principles and Practices of Rehabilitation, Philadelphia 1950.
Kiefer, Norvin C., Present Concepts of Rehabilitation in Tuberculosis. New York 1948.
Koeppel, Rudolf, Die Verwendung der Tuberkulösen im Arbeitsprozeß. Med. Diss., München 1946.

Kraus, Hertha, Hrsg., Case Work in USA, Frankfurt 1950.

Langer, Walter, Arbeitstherapie in Heilstätten. Bundesarbeitsblatt Nr. 10, Okt. 1951.

Lauber, Susanna, Über das Problem der Wiedereingliederung der kurentlassenen Tuberkulosekranken in das Erwerbsleben unter bes. Berücksichtigung bernischer Erfahrungen. Zürich 1951 (Privatdruck).

Lischke, Walter, Die Tuberkulösen im Arbeitsprozeß. Gedanken und Vorschläge. Dt. Ärzteblatt, H. 2/3, Jan. 1953.

Lorenz, Willy, Durchführung und Wert einer Tuberkulose-Siedlung in der Gegenwart. Med. Diss., Düsseldorf 1949.

Lütgerath, F. und *Decker*, K., Zur Wohnraumfrage Tuberkulosekranker. Tuberkulose-Arzt, 5. Jg., H. 3, März 1951.

MacDonald, Betty, The Plague and I. Philadelphia—New York 1948.

Mackenroth, Gerhard, Die Verflechtung der Sozialleistungen, Ergebnisse einer Stichprobe. Schr. d. Vereins f. Sozialpolitik NF Bd. 8, Berlin 1954.

Mann, Thomas, Der Zauberberg. 35.-50. Aufl., Berlin 1925.

— Vom Geist der Medizin. Offener Brief a. d. Hrsg. Deutsche Med. Wschr., 51. Jg., Nr. 29, Juli 1925.

Mayo, Elton, Probleme industrieller Arbeitsbedingungen, Frankfurt 1949.

McDougall, J. B., Tuberculosis, a global study in social pathology. Edinburgh 1949.

Melzer, Ernst, Der Einfluß der Tuberkulose auf das Seelenleben des Kranken. Stuttgart 1933.

Mitscherlich, Alexander, Freiheit und Unfreiheit in der Krankheit. Das Bild des Menschen in der Psychotherapie. Hamburg 1946.

— Psychosomatische Krankheitsentstehung „Psyche", 7. Jg., H. 10, Jan. 1954.

Moser, Ulrich, Psychologie der Arbeitswahl und Arbeitsstörungen. Bern—Stuttgart 1953.

Müller, Hans-Joachim, Bedeutung der Wohn- und Ernährungsverhältnisse für die Tuberkuloseinfektion. Med. Diss., Düsseldorf 1949.

Müller, Helmut, Arbeitseinsatz des Tuberkulösen. Berechtigung und Möglichkeiten bes. wirtschaftlicher Betriebe. Leipzig 1938.

— Eingliederung des Tuberkulösen in die Wirtschaft. Öff. Ges.-Dienst, 6. Jg., H. 4 B, Mai 1940.

Nicol, K., Die Wiedereingliederung der Tuberkulösen in den Arbeitsprozeß. Dt. Tbk. Bl., 14. Jg., H. 5, Mai 1940.

Nußbaum, P., Soziale Tuberkulose-Nachfürsorge. Grundlage, Programm und Wirken der Vereinigung „Das Band", Bern 1951.

Oehlschläger, Gertrud, Das Arbeitsproblem und wir Tuberkulosekranken. Dt. Tbk. Bl., 14. Jg., H. 5, Mai 1940.

Oppikofer, K., Die Wiedereinführung der Tuberkulösen in den Arbeitsprozeß in der Arbeitsheilstätte Appisberg. Referat, Bern 1951 (Sonderdruck).

Papworth's Progress. Annual Report (1951—1953). Pendragon Press (Papworth).

Pattison, H. A., Rehabilitation of the Tuberculous. New York 1949.

Pering, Felix, Die Arbeitstherapie in Tuberkulose-Heilstätten. Med. Diss., Marburg 1947.

Pottenger, Francis Marion, The Fight against Tuberculosis. New York 1952.
Potthoff, Adolf, Die Rehabilitierung der Tuberkulosekranken. Soziale Welt, Jg. 5/1954, Heft 4.
Prüssian, Der Zauberberg. Münch. Med. Wschr., 72. Jg., Nr. 17, April 1925.
Püschel, E., Papworth Village Settlement — zur Frage der Arbeit und Siedlung Tuberkulöser. Tuberkulose-Arzt, 3. Jg., H. 4, April 1949.
Püster, Heinz, Der Schwerbeschädigte in der Gesetzgebung und am Arbeitsplatz. Herford 1950.
Pyle, Marjorie McDonald, Help yourself get well. New York 1951.
Rodenwaldt, E. und *Bader*, R. E., Lehrbuch der Hygiene. Berlin 1951.
Roloff, Wilhelm, Tuberkulose-Lexikon für Ärzte und Behörden, 2. Aufl., Stuttgart 1949.
— Die Lungentuberkulose. Eine Einführung. Berlin 1948.
Rosa, Karl-Robert, Rehabilitation bei Tuberkulosekranken. Med. Diss., Mainz 1955.
Rosenfeld, Georg, Tuberkulose und Ernährung. Tuberkulose-Bibliothek Nr. 21, Leipzig 1925.
Rudder, B. und *Linke*, F., Biologie der Großstadt. Dresden 1940.
Rudert, Johannes, Charakter und Schicksal. Potsdam 1944.
Rusk, Howard, A. und *Taylor*, Eugene J., New Hope for the Handicapped. New York 1949.
Rüstow, Alexander, Sozialpolitik oder Vitalpolitik. Mitteilungen d. Industrie- und Handelskammer, Dortmund, November 1951.
— Vereinzelung — Tendenzen und Reflexe. In: Gegenwartsprobleme der Soziologie. Potsdam 1949.
— u. a., Wirtschaft ohne Wunder. Zürich 1953.
Schäfers, Franz, Arbeitslosigkeit als psychologisches Problem. Bundesarbeitsblatt H. 8, August 1950.
Schedtler, O., Über den Seelenzustand der Tuberkulösen. Med. Klin. Nr. 4, 35. Jg., Januar 1939.
Schelsky, Helmut, Wandlungen der deutschen Familie in der Gegenwart. Dortmund 1953.
Schmidt, Reimer, Abgrenzung von Sozialversicherung, Versorgung und Fürsorge. Bundesarbeitsbl. Nr. 11, November 1951.
Schrag, Zur Frage der Bekämpfung der Tuberkulose. Ärztl. Mitteilungen 41. Jg. H. 5, 11. Februar 1956.
Schröder, Georg, Neuzeitliche Tuberkulose-Probleme. Med. Klin. Nr. 22, 1939.
Schuwirth, Wiedereingliederung Tuberkulöser in den Arbeitsprozeß. Bundesarbeitsbl. Nr. 10, Oktober 1951.
Siebeck, Robert, *Schulz-Henke*, H., *v. Weizsäcker*, V., Über seelische Krankheitsentstehung. Drei Vorträge. Leipzig 1939.
Sigerist, Henry E., Krankheit und Zivilisation. Frankfurt 1952.
Sixt, Konrad, Tuberkulose-Hilfe einst und jetzt. Tuberkulose-Arzt, 8. Jg., H. 8, August 1954.
Soden, William, J., Hrsgb., Rehabilitation of the Handicapped. New York 1949.
Sozialtaschenbuch — Deutsche Sozialstatistik für die Praxis. Bearb. vom Inst. zur Förderung öffentl. Angelegenheiten. Frankfurt 1952.

Statistisches Bundesamt Wiesbaden, Statistik der Bundesrepublik Deutschland. Gesundheitswesen. Bd. 74, Statistische Ergebnisse 1951. Bd. 127, Statistische Ergebnisse 1953.

Steinhäuser, K. H., Über die Arbeitstherapie in Theorie und Praxis. Öff. Ges. Dienst, Jg. 9 H. 5, März 1943.

— Wiederanpassung an die Arbeit und Gewöhnung an das Leben mit der Krankheit. Beitr. z. Klin. d. Tbk., 106. Bd., H. 3, 1951.

— Weg und Ziel der Arbeitstherapie Tuberkulosekranker. Beitr. z. Klin. d. Tbk., Bd. 103, 1950.

Stern, Erich, Die Psyche des Lungenkranken. 2. Aufl., Berlin 1954.

Stewart, Alice, Problems of Tuberculosis in Industry — a study of the shoemaking trade in Northamptonshire. Brit. Journ. of Tbc, 1952 (Sonderdruck).

Suhr, Susanne, Die weiblichen Angestellten. Arbeits- und Lebensverhältnisse. Berlin 1930.

Sweede, Ingeborg, Zur Wiederbeschäftigung geheilter Tuberkulöser, Mensch und Arbeit 7. Jg. H. 6, 1. September 1955.

— Die Familie im Mittelpunkt der Rehabilitation, Erfahrungen in der Tuberkulösen-Siedlung Papworth. Ausländ. Sozialprobleme, 5. Jg., Oktober 1955.

Thurnwald, Hilde, Gegenwartsprobleme Berliner Familien, eine soziologische Untersuchung an 498 Familien. Berlin 1948.

Tuberculosis in Industry. Hrsgb. National Assoc. for the Prevention of Tuberculosis. London 1951.

Tuberkulose-Jahrbuch 1950/51, ff. Hrsg. Deutsches Zentralkomitee zur Bekämpfung der Tuberkulose, Hannover. Springer.

Die Tuberkulose im Jahre 1954 im Bundesgebiet und in West-Berlin. Statistische Berichte des Statistischen Bundesamtes, Arb.-Nr. VIII/3/30 vom 2. August 1955.

Turban, Karl, Lebenskampf (Selbstbiographie). Prakt. Tuberkulose-Bücherei H. 13, 1935.

Ulrici, H., Thomas Manns Zauberberg. Klin. Woschr., 4. Jg., Nr. 32, Aug. 1925.

— Der Tuberkulöse und die Arbeit. Öff. Ges.Dienst, 5. Jg., H. 13, Okt. 1939.

Utz, A. F., Hrsgb., Das Subsidiaritätsprinzip. Sammlung Politeia. Heidelberg 1953.

Varrier-Jones, Sir Pendrill, Papers of a Pioneer (ed. Peter Fraser), Papworth 1943.

Verhandlungsbericht der 14. wiss. Tagung, Dt. Tuberkulose-Gesellschaft, Goslar. September 1952. In: Beitr. z. Klin. d. Tbk., 110. Bd., H. 1/2, 1953.

Wagner, W. und Schlepckow, D., 14jährige Erfahrungen mit Tuberkulösen im Rahmen einer Arbeitsheilstätte. Beitr. z. Klin. d. Tbk., Bd. 108, 1952.

Weizsäcker, Viktor von, Soziale Krankheit und soziale Gesundung. Göttingen 1955 (1. Aufl. Berlin 1930).

— Diesseits und Jenseits der Medizin. Stuttgart 1950.

— Der kranke Mensch, eine Einführung in die medizinische Anthropologie. Stuttgart 1951.

Werrolt, W., Die seelische Haltung des Lungentuberkulösen in der Heilstätte. Tuberkulose-Arzt, 4. Jg., H. 11, Nov. 1950.

Westermann, H., Die Sexualität des Tuberkulösen. Stuttgart 1950.
Wiese, Leopold von (Hrsgb.), Abhängigkeit und Selbständigkeit im sozialen Leben. Köln-Opladen 1951.
Wilbrodt, Hermann, und *Gotzen,* Otfried, Das Schwerbeschädigtengesetz vom 16. 6. 1953. Kommentar. München—Berlin 1953.
Wirtschaft und Statistik, Hrsgb. Statistisches Bundesamt Wiesbaden, Heft Juli 1951 und Juni 1953.
Wittkower, Eric, A Psychiatrist looks at Tuberculosis. London 1949.
Wolf, Werner, Tuberkulose und Wohnung in der Großstadt Essen. Med. Diss., Düsseldorf 1948.
Wolff, Adolf, Die psychische und moralische Situation der Tuberkulose-Kranken als Aufgabe für die seelsorgerische und ärztliche Leitung unserer Anstalten, Die Innere Mission, 45. Jahrgang, Februar 1955, Heft 2.
Wolff, Georg, Der Gang der Tuberkulose-Sterblichkeit und die Industrialisierung Europas. Tuberkulose-Bibliothek Nr. 23, Leipzig 1926.
Young, Pauline V., Scientific social survey and research. New York 1949.
Zacharias, Kurt, Der tuberkulöse Arbeiter. Zschr. f. Tbk., Bd. 88, H. 5-6, 1942.
Zarncke, Lilly, Der Arbeitsgedanke in der Tuberkulose-Bekämpfung und Tuberkulose-Hilfe. Leipzig—Berlin 1943.
Zinke, Franz, Die Heilstätte als Erziehungsstätte. Phil. Diss., Jena 1935.
Geheilt entlassen! Was soll mit den ehemaligen Tbc-Kranken geschehen? Ges.-Fürs., 4. Jahrgang, Heft 11.
Sind die derzeitigen Hilfen für die Tbc-Erkrankten ausreichend? Soziale Sicherheit, November 1955, Heft 11.

Printed by Libri Plureos GmbH
in Hamburg, Germany